幸福告别

圣严法师谈生死关怀

A Good Farewell
Master Sheng Yen on Life and Death

圣严法师 —— 著　法鼓文化编辑部 —— 选编

编者序

　　凡走过必留下足迹，有的人在告别后留下精彩风景，有的人则是成为精神典范。圣严法师的身影不只让人怀念，〈末后偈〉也启发许多人重新思考生死：

　　　　无事忙中老，空里有哭笑，
　　　　本来没有我，生死皆可抛。

　　面对世事无常，不该消极等待终老，而要积极发挥生命的意义与价值，把握时光，珍惜人生，体验日日是好日。圣严法师的一生，即是最佳的现身说法，让我们看见生命有限，但愿力无限。

　　因此，法鼓文化编辑部特别选编圣严法师著作中关于生死的开示，希望能够藉由佛法引领读者坦然面对生死，活出自在人生。

全书分为四大篇：超越生死得自在、佛法的临终关怀、生死大事即佛事、认识佛教生死观。清楚人生的目的、意义、价值后，将能从聚散无常中成长；佛法的临终关怀，让我们能以佛法照顾临终者；庄严的佛事能圆满人生的最后一件大事，生死两相安；佛教生死观能帮助我们建立正确的人生态度，对于死亡提早规划与准备，心安平安。

生命的价值不在于长短，而在于是否精彩，是否尽心尽力、了无遗憾。如何做好准备，才能幸福告别人生呢？若能学习圣严法师发愿："虚空有尽，我愿无穷。我今生做不完的事，愿在未来无量生中继续推动，我个人无法完成的事，劝请大家来共同推动。"一期生命的结束，也是另一个旅程的开始，死亡将不再是生命的终点，而是实践愿心的起点！

法鼓文化编辑部

目录

第一篇
超越生死得自在

人生的目的、意义、价值

　　在汲汲营营、忙忙碌碌的生活中，你可曾想过人生在世的意义和价值究竟是什么？是来吃饭的？穿衣服的？还是来赚钱、求名、与人争斗的？

　　很多人就是在贪生怕死、贪名求利、你争我夺中，一天一天过下去。看到大家要的我也要，大家不要的我也不要。以为很多人都要的，那就一定是好的，所以抢着要，但是从来不去思考，自己是不是真的需要。反正大家都要的我就要，大家都不要的就立刻把它丢掉，因为既然大家都不要，我还要它做什么？

　　就像蚂蚁一样，通常只要一只蚂蚁嗅到了有味道的东西，其他的蚂蚁通通都会围过去。可是这不是人的行径。人应该有"我要的不一定是人家要的，人家要的不一定是我要的"的观念，这才是真正独立的人格。可是，一般人多半喜欢跟着别人起哄，这是很悲哀的一种现象。

一个人如果活着而没有目的，一定会非常空虚，觉得生命没有价值，像行尸走肉一般，那又何必活受罪？不仅生存本身变成多余的，而且也白白浪费世界许多的资源。

但是生命一定有它的原因，也一定代表某些意义。它的目的是什么？最后会到哪儿去？又会成为什么呢？

以佛教的观点来看，人生的目的，凡夫是来受报还债，佛菩萨则是来还愿；如果知道人身难得，能够知善知恶、为善去恶，人生就有了意义；如果又能进一步积极奉献、自利利人，这就是人生的价值。

所谓"受报"是：我们必须要为我们所造的、所做的、所想的、所说的行为负责任。我们的生命，无非是自作自受；过去世造的因，以及这一生的善行、恶行，结合成现在这样一个人生，便是生命之所以存在原因。

但是仅以一生短暂的时间来看，很多现象看似不公平，也没有办法解释。譬如有的人在这一生非常努力，但就是不成功；有的人并没有这么努力，却一帆风顺，左右逢源。表面上看起来很不公平，其实这要追溯到过去世，以及一世一世、无量的过去世之中，我们曾经所造的种种行为，尚未受报的就可能在这一生中受报，也可能在未来生才受报。而我们所做的种种行为，有好的，也有坏的，造好的业受福报，造恶的业就要受苦报。

至于人生的价值是什么？很多人认为人生的价值就是有钱、有地位、有名望、让人家看得起。譬如，在外面做了官，衣锦还乡，让家乡的亲人、邻居、朋友都风光一下，不但表现了你的个人价值，地方上也因你而有了光彩。但这是不是真正的价值呢？

真正的价值应该不在于显耀家族的虚荣，而是在于你所做的实质贡献。如果你是投机取巧、巧取豪夺而得到的名利权势，即使一时间很风光，也没有真正的价值可言。因为这个价值是负面的，造的是恶业，将来是要受报偿还的。

因此我们可以说：有多少奉献就有多少价值。比方说，我这个人有什么价值？我在这一段时间里为大家说佛法，这就是我的价值。如果这一段时间中，我在睡觉、吃饭、和人家吵架，那就没有价值了。人生的价值必须建立在对人有益，而且对自己的成长也有帮助上。

虽然我们凡夫是来受报还债的，但是也不妨学习佛菩萨的精神，为自己的人生发一个愿。这个愿可大可小，可以小到只是许愿："我这一生之中要做个好人。"许愿自己在这一生中，不做坏事、不偷懒、不投机取巧，尽心、尽力，尽自己的责任。即使这一生做不好也没有关系，因为还有来生可以努力。这样的人生，就是有价值、有意义，而且充满希望的。

（选自《找回自己》）

生命，不只属于我们自己

　　提到生命，人的生命究竟属于谁？有的人认为，从出生到死亡这个过程中的生命，完完全全属于自己，因此由自己支配，乃是天经地义的事。其实这种想法是相当片面的，甚至可说是一种自私且不负责任的态度。

　　大家不妨想想，我们每个人的生命，难道从一出生开始，就能够独立成长、茁壮吗？绝非如此。人自出生以后，除非是夭折的孩子，否则都会历经一段受保护的襁褓期，在父母与家人的照顾之中，逐渐成长，而在现代繁忙的工商业社会里，小孩子通常是在保母或者育幼机构的照护下长大。这说明了我们每一个人的生命，并非自己可以主宰，而必须倚赖着各种各样的"外缘"，才能维系我们的生存与成长，乃至成家立业，对社会有所贡献。

活着，就有机会改善

因此，人的生命，并不是想活就能够活，活着的时候，必须要有各种条件的配合；当然，也不容许想死便死，生命并非片面属于我们自己，每个人都没有自杀的权利。事实上，我们每一个人的生命，都与父母家人相系，与同侪友人相亲，也与社会国家和天地自然之间，有着密不可分的关系。没有一个人是孤单的，也没有一个生命是无依无援的。我们的生命，是与我们的"关系人"共同相系，因此对于"关系人"：家人、朋友、师长、社会，乃至整个宇宙，我们是有责任、有义务，而要回报奉献的。这份责任，不一定是对社会有所贡献，但是最基本的，每一个人要善用自己的生命，珍惜生命，克尽自己的责任与义务，这才是真正发挥了生命的价值。

然而，不可否认，人活着的时候，常常会遇到各种各样的打击和挫折，而要从种种逆境与不如意之中坚强走过来，确实辛苦。但是，也只有活着的时候，我们才能够有改变和改善生活的机会。很可惜的是，有一些人，当他们面对生命的低潮时选择逃避，而以自杀来结束自己的生命，希望从此以往，人世间的纠葛与烦恼，都随着死亡一了百了。甚至有的人会写遗书，为自己的行为向父母道歉，为自己轻生造成家人的哀痛表达歉意。其实这种道歉是没有用的，无济于事，尤其是自杀的这种罪恶，是怎么也弥补不了的。

因此，我要再度呼吁：生命的权利，并不仅是属于我们个人，而是与所有的"关系人"密切相系；生命的存在，绝对不是孤立无援。我们的"关系人"，在我们有困难的时候，都会愿意伸出援手，有的可能是提供金钱或物质上的支持，有的则是给予情感上的关心、祝福和鼓励，这些同样珍贵。人的一生最丰富的资产，往往就是与人的互动，跟人的交往。我们自己与他人，常常在不同时候、不同的生命阶段里，相互扮演着"施"与"受"的角色：彼一时，受人恩惠；此一时，可能成为他人生命中的贵人。

生命是为受报与还愿而来

生命无价，自杀绝不可能一了百了。从佛教的观点来看，人的自杀，不论是选择何种方式结束生命，都是非常痛苦的事。凡是自杀的人，死亡以后，自杀的情境会在转世之前，不断地跟着他，重复上演，直到业力解脱为止。

人死之后，决定我们下一生去处的关键，是我们的心识，也就是神识。通常，人死之后，心识会有几种不同的去处：一种是大善或者大恶之人，死后立即往生佛国净土、天堂人间，或者直接投生地狱、畜生道；另一种是普通人，死亡之后，便会进入中阴身阶段，又称中蕴身。在这个中阴身的过程里，如果是自杀的亡者，就会反复不断经历自己前一世自杀的过程，比如跳水、上吊、自焚等痛苦的画面，会不断地重演，直到业力消除，这种焦虑之苦才会跟着解除。

我经常讲，我们每个人来到这个世界上，都具有两项任务：一种是受报，另一种是还愿。如果今生该受的业报尚未清偿而自杀，那就像是欠了一身的债款不还，而逃避躲了起来。但是躲起来以后，债务不仅不会消失，反而可能变本加厉地向你要回来，业力是不会凭空消失的。

关怀生命，尊重生命，除非死亡的一日自然而然到来，否则绝不可放弃生存的权利。有的人认为自己活在世上只是赖活，只是多吃一口饭，多吸一口空气，活着没有意义。其实，活着就是意义，哪怕是得重症的病人，或者已奄奄一息的将死之人，仍可发挥生命的价值。比如有佛教信仰的人，虽然已经躺在病床上，尚可以念佛号、念观世音菩萨，一者助己安心，一来为人祝福；或者是体力虚弱，出不了声的人，也可以在心里默念观世音菩萨的圣号；即使什么也不做，就是心里默默为身旁的人祈祷，为社会祝福，这也是在做好事、在发挥生命的价值了。

（摘自《我愿无穷——美好的晚年开示集》）

生命这堂课

每个人都要上的一堂课

面对亲人往生，不要说是在家人，就是像我这样的出家人，也会伤心。感伤是很正常的，但最好能将这股伤痛，转化成一股更大的力量来奉献。

生死这堂课，是每个人都要上的。有人用自己的生命上课，有人从亲人身上学习，这些都是深刻的经验。当然也有人从书本找教材，但是体会不容易深刻。从我有记忆开始，我很小就有死亡的经验，一次是从树上摔下，一次是跌落河里，立刻就没气息了；还有我的一生，经历过几次大灾难，曾眼见尸横遍野，那时就想到，死亡总有一天临到我吧！死亡是人生的必然，我们可以做的，就是随时准备死亡的到来。

面对死亡的两种层次

死亡在宗教上有两种层次，一种是把死后的生命，寄望于未来的天国或佛国净土，也就是与自己的信仰相应，至于什么时候走，则不必在意。这是每个宗教都有的层次。

另一种层次，则如《金刚经》所说："过去心不可得，现在心不可得，未来心不可得。"过去的已经过去，未来的还没有发生，就是现在也是短暂、虚幻的。

但是这么说并不是消极的，因为《金刚经》又说："应无所住而生其心。"所谓"应无所住"，就是不在乎过去、不在乎现在，也不在乎未来。至于"而生其心"的"心"是什么？指的是对人的慈悲心、对己的智慧心。只要还有一个众生仍在苦难之中，就代表自己的责任未了；只要自己还有烦恼未断，那就是自己的责任未了。

断除自己的烦恼是智慧，帮助他人解脱苦难是慈悲，至于未来会是如何，则不去在意。这是相当高的层次，需要在平时就有修行的基础，练习着将自己的罣碍、恐怖放下，如《心经》所说："心无罣碍，无罣碍故，无有恐怖。"

有罣碍就不是慈悲心，而是同情心。慈悲心是没有罣碍的，因为智慧就在其中。面对死亡，心中没有罣碍，那么无论去到哪里，处处都是天堂、净土。

佛国净土就像一层保护幔，佛菩萨的愿力会庇护每一个众生，直到众生修证解脱为止；如果尚未解脱，但是到了佛国净土，也不会有人间的种种罣碍。

一般人面对死亡，要能做到无有恐怖、没有罣碍、没有颠倒，大概很难，平时还是需要有一些修行的工夫。

（摘自《生命与信仰的探究——圣严法师与龙应台的对话》）

自由自在的人际关系

现代社会的人际网络愈来愈复杂，关系也愈来愈疏离淡薄，于是很多人都想远离尘嚣过隐居生活。但在这个世界上，想要单独生存并不太可能，因为我们一出生至少就与父母、家庭和家族产生了关系，长大以后在社会上求生存，同样也离不开人群。而人与人之间，彼此互相需要，也互相提供服务。所以，在我们从出生到死亡的过程之中，总是和别人在一起，无法完全脱离社会关系而离群索居。

人与人之间的关系，叫作"人间"，释迦牟尼佛就是体会了人间的各种痛苦、烦恼，才悟道成佛。事实上，佛法所说的"八苦"中的"怨憎会"与"爱别离"，就是两种来自人际关系的痛苦，这也是每个人都无法避免的。

"怨憎会",是指互相憎恨的人老是冤家路窄,常常见面。例如搬了新家之后,却发现隔壁邻居正好就是你昔日的怨家;或是出差开会的时候,心中才在想着,在这里应该不会遇到多年不见的怨家,没想到在会场里,第一个接待你的人就是他。

这是很奇妙的事,通常我们总是希望避免遇到讨厌的人,可是在现实生活中却不是如此。其实,人与人之间就因为有缘,才会变成怨家。在还没有把彼此的恩怨化解以前,就会常常遇在一起,彼此互相折磨。因此,在面对怨憎会之苦时,我们应该要主动向对方道歉、认错,并且好好地与他沟通。唯有面对误会,才能真的化解。

至于"爱别离",就是指彼此相亲相爱的人,却相隔千里而不能相聚,甚至天人永隔。每个人都有亲人以及所爱的人,当情感互相依恃的双方分离时,都会让人感到相当不习惯和痛苦。特别是当其中一人先过世时,另一个人就像是失去伴侣的孤雁一样,那种情况是非常凄惨、悲哀、痛苦的。

然而,这种凄惨悲哀究竟是谁造成的呢?曾经有一位太太因为先生过世而痛哭流涕,我问她:"你哭得这样伤心，究竟是为了谁呢？"她回答："当然是为了我先生！他抛下我就走了，剩下我一个人孤伶伶地在世界上，实在太残忍了。"自己的先生都已经死了，还说他残忍，可见她并不是真的为了往生者而哭，而是为了自己失去丈夫而伤心，这就是以自我为出发点而产生的痛苦和哀伤。

所以，当我们面对亲人的死亡，首先要问一问自己，感到悲伤的原因，究竟是不是自私心在作祟？如果真的是为对方设想，就该明白人死不能复生，哭泣不但帮不上忙，倘若亡者有灵，反而徒惹对方伤心。我们真正应该做的是，多为他念佛回向，并且诚心祈愿他能够往生西方。

另外，如果亲人是为了读书、求职或发展前途而远离家门，那就更不应该感到悲伤，而是应该采取鼓励的态度来支持他。

无论是"怨憎会"或"爱别离"，都不要因为自私的想法而让自己受更多的苦。唯有承受得住与亲爱的人分离、勇于面对做人的难处，放下层层的自我执着，才能使我们在人生及修行的道路上走得更洒脱自在。

（选自《真正的快乐》）

花开花谢，不执着

　　世间的万事万物，不论是山川大地、环境中的任何事物与现象、我们的身体、思想、心理反应等，都是在不断地变动之中，没有一样是永恒不变的，甚至包括所谓的原则、真理，也会随着时空的不同，而阶段性地有差异。到了该改变的那一刻，应该要放下的就要放下，不需执着。

　　但是要做到不执着谈何容易，该如何去除执着呢？不妨试着从理性的分析，和对自己身心的体验，来练习去除执着。

　　所谓理性的分析，就是用"因缘"的观念，来理解事物的真相。因缘是指一切的现象，不论生理的、心理的或自然社会的现象，都是时间和空间之下所产生的种种关系，是由许许多多因缘条件和合而生的，无法单独发生，也不会突然出现，更不会永远不变地存在；只要其中一项因缘条件改变，牵一发而动全身，原本你以为绝对不会变的事物，就会有了变化。

另外一种则是用体验的方式。我们体验自己生命的过程，会发现人的生命从小一直到老，到死为止，都在不停地变化，自己的身体、生理在变，观念也在变。

例如一个人，本来是小男孩、小女孩，然后是少男、少女，然后变成中年男子、妇女，最后变成老先生、老妇人，不断、不断地在变，如果要执着，究竟要执着哪一个呢？究竟是十六岁的是我呢？还是八十岁的才是我？其实都不是，因为十六岁的时候已经过去，八十岁的现在也会过去，所以根本不需要执着。

从身体的变化可以更进一步来体验心理和观念的改变。从小开始，我们就不断在受教育，也不断受到环境、父母、老师以及时代变迁的影响，几乎没有一个观念是属于自己的，都是外来讯息的累积，然后才成为自己的想法。

而这些想法也是会变的，例如当你和别人谈话，对方提出一个你前所未闻的新观念，你听了以后，脑中的想法可能因此转变，不要说昨天的看法和今天的看法不同，可能这一刻的你和前一刻的你就不一样了。

不论从理论上来分析，还是从对自己的体验，都可以证明，没有一个永恒不变的我，甚至没有一个"我"存在，那又有什么好执着的呢？

不过虽然因缘在变化，但是当下还是有暂时的现象存在。就像一朵花，你今天看它可能好漂亮、好可爱，可是过了几天，它就会凋谢，不漂亮、不可爱了，可能要换另外一朵花。既然知道事实如此，就不需要对这朵花太执着。因为花开、花谢，是自然现象，不需要太多的执着。

（选自《找回自己》）

有聚有散才能成长

俗话说："天若有情天亦老。"可见爱情、友情、亲情虽然能带给我们很多的温暖，却也充满痛苦的摧折，尤其是生离死别时，更是让人痛苦。因此有人以为，只要将情感斩断，就再也不会痛苦了！然而如同佛所说，众生都是"有情"，就是因为众生有爱的缘故。

众生最爱的是自己的生命，其次则是和自己生命相关的人、事、物。亲情由第一代传到第二代，象征了生命的延续。爱情也是一样，因为有了男女的结合，才有后代的出现，因此这个结合也和自己生命的延续有关。至于友情，虽然和生命的延续并没有那么直接的关系，但是人活在世界上，一定需要养分，除了饮食的养分之外，还必须从精神上获得滋养，而友情就是最好的精神滋养，所以友情和生命还是有关系的。

　　既然情爱和生命息息相关，无论是否定它，或者是硬生生地把它切断，都不合乎世间的法则，也不合乎人情的道理。从佛法的立场来看，无论是亲情、爱情或友情，都是因缘所生，有因有缘才使得大家生活、聚集在一起，也才能够彼此互相合作。但是我们要明白，因缘聚散是天经地义的，就如我们常常听人说"天有不测风云，人有旦夕祸福"，或是"月有阴晴圆缺，人有悲欢离合"，可见生、死、聚、散都是正常的事。

　　既然聚散是必然的事实，那就没有什么好痛苦的了。佛法常常教人要用平常心来看待所有一切发生的事，这样在相聚时，就不会太过兴奋，而分离时，也不会那么忧苦。而且，人生在世，就是要有聚有散才能成长、有生有灭才能进步，如果没有生灭变幻，我们就会老是停留在同一个现象之中，不但觉得很无聊，也不能够成长。例如，今天和这两个人在一起，明天又和另外两个人在一起，这样就能把原本的人际网络扩大了，人际网络一旦扩大，生命的层面就会扩大，而层次也将提高。

所以，聚散的过程其实是让我们成长的一种力量，因为层次和层面的提高、扩大，使我们的生命过程更充实、更饱满，也更加多彩多姿，这不是一件很好的事吗？

更何况，离别既然也在生灭变异之中，所以它也是一种暂时的现象，一时的分离并不表示永远都不能再见面了。而且今天这个时代，我们可以随时随地透过网络联络，即使相隔遥远，也能立刻与对方面对面谈话。而人是高等动物，本来就着重精神的交流，就算身体没有在一起，仍然可以随时随地互通有无、互通讯息，离别也就不再显得那么痛苦了。

其实，离别之所以让人感到痛苦，问题的关键仍在于大家难免都希望自己喜欢、执着的，能永远留在自己身旁，这才是使情爱变得痛苦的真正原因。所以，只要转变自己的心境和看法，以平常心来看待离别，并且掌握聚散离合所带来的成长契机，就不会再为离别而担心苦恼了。

（选自《真正的快乐》）

如何面对意外的生离死别

　　每当发生天灾人祸，造成意外伤亡，当然是令人悲恸的事；但活着的人，除了哭诉及怨天尤人之外，应该还有很多事等着完成。

　　面对生离死别，人们之所以如此哀伤，主要是不了解人是为何而生的。依佛法的认知，人来到这个世间，有两个任务：一是还债受报，偿还过去多生之中恩怨情仇的债务，接受福报与苦报；二是还愿发愿，人们在过去无数世中曾经许过的心愿，必须逐一完成，在受报还愿的同时，也可继续发愿。当在这一生中的债务及愿心告一段落时，便算任务结束，就可以安心地离开世间了。

　　不同的人会在不同的阶段完成这一生的任务，有的人年纪轻轻就走了，有的人则到八、九十岁，甚至活到更高寿。最难释怀的是因意外事故往生者，在外人眼里看来相当凄惨，在《药师经》中称之为九种"横死"之一，但是对当事者自己来说，或许要比久病死亡者，少受了点病苦的过程，也未尝不是好事。当然，这些人走得突然，许多事情尚未来得及交代；但纵使留有遗憾，他们在这一生中的任务毕竟已经结束。

曾有些在空难中往生者的家属表示，亡灵曾托梦给亲友，说他们泡在水里很冷。这种情形是因为亡者过于执着那具遗体，误以为浸在水里的遗体还是自己，遗体是冰冷的，便以为自己很冷。其实死亡之后的遗体，已没有神经的感觉，是不会感到冷热的。死后仍觉得冰冷的情形，常发生在投水自杀者及空难落海的意外死亡者身上，他们不知道自己已死，又过于执着自己那具浸在水中的遗体。这时家属必须引导亡者，告诉亡者：既然已经死亡，就不要在乎遗体的冷热了。

对亡者的亲友来说，悲伤固然难免，但更应该做的是帮忙亡者诵经、念佛、做善事，以一声声的佛号，祈求、帮助亡者往生佛国，也可以让家属的心灵获得平静。既然意外已经发生，无法挽回，家属一定要化悲伤的心情为慈悲的力量，慰问、勉励这些亡者，帮助他们往生佛国净土，这样才是对他们最大的帮助。

平常日子里，一般人总认为这种不幸的事情，大概不会发生在自己或是亲人身上，这种想法并不正确。其实，大家最好在心理上都要做最坏的准备，每次出门之后，能不能平安回家，会不会造成生离死别，都是未知数；每天晚上就寝之后，会不会一睡就不再起身，也没有绝对的把握。因此，人们最好有宗教信仰，才知道如何随时做好面对死亡的准备，遇到意外时，才不致太过恐慌而不知所措。当然，生命是相当珍贵的，除了做最坏的准备之外，也要有活过百年的打算，才不至于辜负这一期的生命。

（选自《人间世》）

忙得快乐，累得欢喜

　　各行各业，凡是想成功的人，生活都十分忙碌，往往弄得吃也不得安宁，睡也不得安宁。为了名利，一天到晚辗转在世俗尘劳中。到底我们每天这样忙碌奔波，为的是什么？在有限的生命中，我们真正应该追求的又是什么呢？

　　而且一般人的观念都认为："为谁辛苦为谁忙？"忙忙碌碌一辈子，结果是前人种树，后人乘凉。人家栽了树给我们乘凉，觉得很好；我们栽了树让人家乘凉，就觉得不划算、不甘愿。努力的成果让别人享受，好像我们就是白费工夫、白忙一场？相反地，对于享受别人努力的成果，却认为"不乘凉白不乘凉，不吃白不吃"，仿佛这些都是应该得的一样。

　　其实，当前世界环境和人类社会所有的一切，都是经过累世祖先努力，所积累下来的。我们继承了列祖列宗——不仅仅是中国人，还包括全世界所有人类，世世代代的文化与智慧，才能有现在这样的文明。

我们享受的同时，可曾思考：我们承继了多少前人的恩泽？得到了多少别人的利益？如果不努力，是不是对不起过去的祖先，以及后世的子孙？

从佛法的立场来看，人生忙碌的目的应该是为了成就功德。所谓"功德"，讲得通俗一些，就是我们在生命过程中的成绩，那么，是什么样的成绩呢？

人一生的生命不过数十年，非常短暂，活动的范围、能够接触到的人和事也是很有限的。但是，如果我们每个人都能努力为社会整体贡献，就会创造出全人类共同的生命价值，连带也会创造出我们所处的时代的历史价值。这就是功德，就是生命的成绩。

佛教也认为，我们的生命是无限的。在时间上，有过去无量的生生世世，以及未来无量的生生世世；我们会一生一生地轮回下去，直到最究竟成佛为止，也就是最终的圆满。在空间上，我们所处的地球，娑婆世界、三千大千世界之外，还有无量十方世界。

因此，我们除了要对现在这一生负责任之外，对于过去无量生所造的种种业力，以及未来世的因缘果报，也要尽责任。而且不仅要对个人尽责，也要对地球上所有的人类和生命体尽责；甚至对地球以外，无量世界中的一切众生，尽起责任来。

所以，我们必须要努力。除了为自己的前程努力，也为了如恒河沙数那么多的十方世界一切众生努力。不仅仅要在我们的世界建设人间净土，也希望把净土建立到十方世界去，这样，我们永远地忙，永远地累，都是值得的。

就像佛菩萨是永远不休息的。我们凡夫工作多了、累了，就想要休假，菩萨却不会说："我今天休假！"如果是这样，那我们念观世音菩萨岂不是不灵了？事实上我们随时随地念观世音菩萨，观世音菩萨就随时随地都会来加持我们，在台湾念观世音菩萨有用，在印度念也有用，在美国念也有用；在我们的地球世界念有用，在他方世界念也有用。所以菩萨是处处都去，时时都在，菩萨是没有休息的。

那么菩萨成了佛，是不是就应该休息了呢？释迦牟尼佛在没有成佛以前，辛辛苦苦地修行；证得佛果之后，也未曾停歇，依旧是辛辛苦苦地度众生，从恒河的两岸，东奔西走，过了四十多年"席不暇暖"的日子，一直到他将要涅槃的时候，都还在说法度众生，也从未抱怨自己的忙和累。

只要能做到"忙、忙、忙，忙得好快乐；累、累、累，累得很欢喜"，用智慧来发光，用慈悲心来发热，为了成就功德、缔造生命的成绩而忙，这样的忙碌就会有意义，就是菩萨的精神。

（选自《找回自己》）

第二篇

佛法的临终关怀

永恒的关怀

佛教对永恒生命的信仰

一般在面临亲人过世，或者自己遭逢重大难关、好不容易走过来的情况之下，会产生一种反省，那是向内心的反省，而不是从外境去推敲、去考察，也就是说，信仰这件事，不是研究、推敲可以达成的。

信仰是自己对生命的体验。有些事情，如果缺少信仰，怎么也无法解答；有了信仰之后，至少有一部分问题能获得解决；由此再继续深入，就可以渐渐体会到生命的意义和价值。但是，一般人讲生命的意义和价值，通常是指对他人付出、对社会关怀，至于是否有一个永恒的生命存在，不见得在他的关心之列。

永恒的生命究竟是什么？是文化、历史吗？这只对了一半。人类的文化、历史会随着时间生灭，甚至地球也有毁灭的一天，到时候谁也不知道孔夫子、释迦牟尼佛究竟是何人。

地球会毁灭，人类的文化、历史会消逝，但生命是永恒的。为什么说生命是永恒的？因为除了文化、历史的生命之外，尚有我们自己个人的精神生命存在，也有人称为"灵"的生命。从佛教的角度来讲，精神的生命就是"福"、"慧"两种功德。"福"是为众生奉献、造福；"慧"是般若、无我的智慧，这两者的生命都是永恒的，不仅仅存在于一生一世，也不受限于历史文化之中，而是生生世世延续下去。

佛教将修行证得福慧圆满的人，称为"解脱者"。解脱者最后到哪里去了呢？解脱者的存在，是时间和空间无法限制的，不一定在我们这个世界重复出现，他随时随地可在任何一处的时空出现，那叫作"功德身"，也叫"智慧身"。这是佛教对于永恒生命的信仰。

对人而言，具备这样的信仰是很重要的，否则，生命徒然只在世间来来去去，最后到哪里去？人的价值又在哪里？地球、宇宙也有毁灭之日，人的价值是否因此而消失？若从信仰的角度来看，永恒的精神生命是存在的。

譬如说，人往生以后到哪里去？佛教徒说去极乐世界。究竟有没有一个极乐世界呢？没去过的人无从得知，只知道那是释迦牟尼佛讲的。还有，在极乐世界里接引化众的阿弥陀佛，将来也有圆寂的一日，阿弥陀佛圆寂以后，极乐世界还有观世音菩萨继续在那里度化众生。只是观世音菩萨将来也会涅槃，到时候自然又有另一尊佛出现。

相对于极乐世界的清净、安定，我们所处的人世则是非常危脆、非常短暂，叫作"娑婆世界"。娑婆世界并非不好，反而有利于修行。在这个世界，我们一边受苦受乐，也可以一边修福修慧。如果在西方极乐世界，就没有修福修慧的机会，因为大家都无忧无虑，也不需要他人帮助，所以在极乐世界，修福修慧的机会比较少一点；因此，在西方极乐世界的众生，距离成佛之路比较远一点、长一些。不过既然能往生西方极乐世界，对于成佛时间的早晚，也就不是那么在乎了。

但是在没有往生之前，我们总希望能在这个娑婆

世界多培植福德、多增长智慧，以便将来往生西方极
乐世界的莲位高一些，离成佛近一点。

相信，才能深入信仰内涵

信仰是属于个人的体验。一旦有信仰，觉得对
自己有用，对他人也很好，那就相信吧！任何一种宗
教，天主教、基督教或伊斯兰教，在某一个层次都是
这样的。如果一定要从逻辑、理论、哲学的角度来探
索宗教，那就不谈信仰，纯粹做学术研究，也未尝不
可。只是研究宗教与信仰不同，前者无法深入信仰的
内涵，也没有办法得到信仰的力量、信仰的功德。

信仰的一部分是因为需要。达赖喇嘛曾举例，
佛教讲因果，可是因果无法以现实去证明、去"兑
现"。即便如此，因果还是存在，只要你相信有过去
世、有未来世，因果便成立了。如果执意不信有过
去世、未来世，那因果就讲不通了，因为那是看不
到的。

许多人很矛盾，一方面想获得佛法利益，却又不
相信佛教讲的因果。在我看来，这些人是被理性、逻

辑给障碍了，所以信仰进不来。

为了获得佛法利益，而相信可能无法"兑现"的三世因果，这样的信仰是否等于迷信？这就要看信仰的内涵与作用。如果一个人对于自己不明白的事、无法解释的现象，充满怀疑而烦恼不已，但接受信仰以后，烦恼、问题就减少一些，如果是这样，为什么要否定信仰呢？

信仰之中，确实有一部分无法以常理解释，也没有人可以提供解答，但是信仰的力量确实存在。譬如有一尊观音像，受到佛教徒的礼敬崇拜，而观音只是静默不回应。不回应就代表没有感应吗？这就因人而异了。不相信的人很难有感应；相信的人，通常会有感应。

在中国人的传统社会，生死不是那么决断的事。暂且不论佛教观点，传统的中国文化也相信生命是延续的。譬如孔夫子讲："未知生，焉知死。"对讨论死亡这件事虽然存疑，但也不否认；又说："祭神如神在。"肯定祭祖追思有其需要。这是儒家思想对社会的一种正面安定力量，对社会伦理价值的维系，有很大的作用。

儒家也相信"天"的存在。天，其实是一个虚无的思想，并非有一个具体的天存在。中国人崇拜天、信仰天，相信活着的时候，人上有天；人死之后，则堕入阴间、黄泉。这还是相信人死之后有一个去处，生命还是存在的。

从佛教的观点，生命是生生世世存在的相续，不因一期生命的结束而中止。佛教如此看待生死，对信仰者也是一种安慰。

我对生命的体验，是跟修行的信心连在一起的，然后推及到各种社会关怀工作。与一般公益团体的作法不同，我们提供的是永恒的关怀。一般的社会服务、社会运动，多半给予现实上的关怀，而我们重视的是，从现实生活到永恒的生命，都需要关怀。例如临终关怀，我们会给予佛法，告诉临终者和家属永恒的生命是存在的。家属接受这样的观念之后，对往生者会有怀念，但没有恐惧，也不会有失落感。

（摘自《生命与信仰的探究——圣严法师与龙应台的对话》）

身心灵临终疗护

了解死亡，毋须忧惧

避谈死亡，多半是因为恐惧，而恐惧的主要原因是不了解。中国人谈到死亡话题时，总是赋予阴森森的印象，形容活着时是在"阳间"，死了以后就到"阴间"，阴、阳两界的距离好像很远。所谓"生离死别"，死了之后再也看不见活着的人，因此不希望谈死，这是民间的说法；另外，在儒家的思想中也有"未知生，焉知死"的观念，看重的是生前而不管死后，正所谓"生死两茫茫"，这也让人产生死亡很可怕的印象。

反观西方，因为宗教信仰的支持，认为人死了以后可以跟随上帝到天国，在他们的信仰中，只要经常

祷告、忏悔就可以得到神的救济、召唤。所以，西方
人对于死亡就不会那么恐惧，看法也比较光明。身为
宗教师，我见过许多死亡的场合，我常说："死亡不
是喜事，也不是丧事，而是庄严的佛事。"实际上，
死亡是非常庄严的。对佛教徒而言，这也是很坦然、
平常的事，因为活着的时候已经知道将会死亡。佛教
徒相信人的一生只是短短的一个过程，死亡意谓着结
束这一个过程，将进入下一个过程。

照顾最后的平安与尊严

临终关怀不只是心理、医疗层面的问题，许多时
候宗教信仰更能协助病人，不一定是佛教，其他宗教
也可以。例如在自然死亡的过程中，虽然已经使用麻
醉或止痛药，但病人还是很痛苦，此时是否有更好的
办法来协助他们？佛法就是给临终者信心，教导他们
不要认为自己是在受折磨，而是面临一个新旅程的开
始。在这段疼痛的时间中，一定要努力走上一个新的
境界，虽然辛苦，走过以后，前面就是光明的景象，
这是第一种方法。

　　另外一种是转移法，即观想自身的痛楚是许多众生的苦，自己正在为他们受苦；自己受了苦以后，其他众生就不用受同样的苦，因为是甘愿接受这样的苦，自然不需要挣扎，也不会认为自己是逆来顺受。其实，身体的疼痛不是最苦的，心里的挣扎才是最苦的；心情放松了，身体的苦也就不那么强了，这是一种"观想"的修行方法，对于临终时神智清楚且身体非常疼痛的人是有用的。

　　而在关怀临终的病人时，除了为他念佛，一方面也要讲述佛法的观念，告诉他这一生无论过程如何，他的心都是非常善良的，大家正以愿心祝祷、帮助他，未来一定会往好的方向去。请他一定要这样相信，欢欢喜喜地往生，这也就是所谓的"善终"。善终并不一定就是无痛、无病的往生，有病有痛也可以善终，只要观念正确、正念分明，临终可以很庄严也很有尊严。

　　一般人以为临终关怀是请人家来关怀我，其实应该是自己先要有能力关怀自己。生命是随时都可能结束的，人出生时就已经注定死亡。因此，最健康的生死观，应该是父母在生下孩子时就对孩子说，他的出

生跟死亡连接在一起，生与死只是一线之隔，是同时
存在的。所谓临终的准备工作，应该是出生时就准备
好的。在大家都看重宗教力量的同时，宗教当然不会
置身其外，这么好的信念，我们一定会努力宣导，更
期待大家携手合作，共同推广。

(摘自《不一样的生死观点》)

临终关怀

　　对于病患的看护以及临终的关怀，已是现代宗教重要的服务项目。现代人病重时，便可能住进医院的病房，接受专业的医护照料，但在病危弥留之际，病患本人以及病患的亲属，都会陷入恐慌、焦急、悲苦、无奈的情景中。此时亟需要有人给予宗教信仰和宗教精神的照顾。所以从二十世纪后期，西方社会中即有人设置安宁病房，以照顾临终的病患。我们台湾的佛教界也普遍地推广了临终助念的风气，如今，法鼓山提倡的临终关怀及佛化奠祭，已经是很受社会大众欢迎的了。

　　其实，此在释迦世尊时代，就已实施了。例如《增一阿含经》卷五〈入道品〉之四，佛告诸比丘："其有瞻视病者，则为瞻视我已；有看病者，则为看我已。所以然者，我今躬欲看视疾病。"这是说，比丘们当为病比丘做看护，就等于为佛陀做看护。照顾了病人，就如同照顾了佛陀，而佛陀自己也要亲身看顾病人。故在《僧祇律》卷二十八中，就有佛陀亲自替病比丘洗衣的记载。在《杂阿含经》卷三十七的一○二五经记载，有一位客来比丘，在客僧房中病得很重，无人照顾。佛陀便去探看他，病比丘见佛陀来探视，便扶床欲起。佛陀忙说"息卧勿起"，并问他"苦患宁可忍否"？病比丘回说："我年幼稚，出家未久，于过人法胜妙知见，未有所得，我作是念：命终之时，知生何处？故生变悔。"接着佛陀为他说六根、六尘、六识的缘生之理。佛陀走开之后，病比丘便死了。弟子问佛："如是比丘当生何处？"佛答："闻我说法，分明解了，于法无畏，得般涅槃。"一个出家未久的年轻比丘，本来还在担心他尚未得到解脱道的胜妙法，不知死后将生何处而生起不安之心，由于佛陀为他临终说法，他便得涅槃证圣果了。以此可知，为临终者说法，以及欲临终者应当闻法的重要性了。

也有病重比丘，由于佛陀的探视，闻佛说法而病好了的。例如《杂阿含经》卷三十七的一○二四经，佛为病重的阿湿波誓尊者说五蕴非我，便使他心得解脱，欢喜踊悦，身病立除。在《杂阿含经》卷三十七中，尚有不少佛及圣弟子们探病说法的例子。

在《增一阿含经》卷四十九的〈非常品〉中，有一则舍利弗与阿难共去探视阿那邠祁长者病的记载。两人向此长者劝修念佛、念法、念比丘僧，说色、声、香、味、触离于识，说五蕴炽盛苦，说十二因缘法。长者闻法，感动悲泣，命终之后，即生三十三天。

依据《杂阿含经》卷四十七的一二四四经记载，佛说若有男子女人，临寿终时，身遭苦患，众苦触身，只要心中忆念，先前所修的善法功德，即于此时攀缘善法，则当生于善趣，不堕恶趣。但亦最好能有善知识从旁劝勉提醒，使得临命终人，保持正念。

由上所举经证可知，佛教非常重视探看病人，尤其对于病重病危的病人，应该为他说法。如此或可由于闻法心开而病就好了，或可由于闻法解了而命终解脱，至少也可由于闻法往生善趣不堕恶趣。

中国的净土念佛法门，确实是好，不仅能够做临

终时的助念关怀，也能够做死亡后的诵念超度，较之
于《阿含经》的临终关怀，更多一项方便。诵经说法
与念佛说法，是异曲同工的。

（摘自《学术论考》）

如何告知病情？

　　患者罹患重病，是否要告知实情，没有一定标准，因人而异。要看病人及亲人的心理状况如何，再随缘制宜。

　　我曾遇到一位癌症末期的病人，他的家人在他面前都不提病情，但背地里却又非常地焦虑，告诉我说："大概已经不久人世了，但没有人敢告诉他实情，怕他冲击太大、受不了。"

　　他的家人希望我去慰问、关怀患者，我依家属所托，明明知道他的病情不乐观，还是要告诉他："没有关系，念念观世音菩萨，很快就会复元了。"

　　结果他对我说："师父，我知道大家都在骗我，我早已知自己不久人世，为了不要让他们伤心、忧虑，也只得向他们说：'放心，过一阵子就好了。'

大家都在演戏啊！"他说："我很清楚自己的身体状况，大家不告诉我，但我知道我已经到了要走的时候了。"

我劝他坦然和家人谈谈，免得家人不敢谈后事。话说开来后，大家坦然面对，该来的总是会来，他并告诉家人："心境已准备好，已无所求，准备等佛菩萨来接我。"我告诉他，不要等死、不要怕死，更不必求死，时时念佛，能念多少，就念多少。

一般癌症末期的患者，癌细胞会扩散，临终前会痛苦不堪，这位患者临终时没有任何痛苦，走得很安详。如果病人怕死，不愿面对死亡，跟他说病情时，可能会让他惊恐、紧张，原本还没到死的地步，反而被吓死了。因病人怕死，受不住惊恐和紧张。愈是怕死的人，愈无法面对死亡，临死前会很痛苦、很恐怖！对这样的人，还是将病情隐瞒起来比较好。不知情的情况下死亡，来不及惊恐就往生了，但可能很多事情来不及交代。

人生在世，终究会死，即使没有病也会死。因此，病人生病时可以告诉他应该先有死亡准备，比如预立遗嘱、后事该如何办理等，让自己心中没有牵挂，也不会留下子女争产等后遗症。立遗嘱可包括：财产如何处分、事业如何处理，未了心愿如何了结等。

病人不喜欢提及死亡，但是人人都要为死亡做准备，就后事做好交代，让死者无憾、生者无争。

（摘自《方外看红尘》）

临终病患的佛法照顾

对于一个没有宗教信仰的人，或者对于没有过去、现在、未来三世信仰的人而言，死亡的确是一桩既悲哀又无奈的事。相反地，如果一个拥有坚固信仰的人，会对死后的世界充满希望与光明，对死亡也比较不会那么恐惧、那么悲哀。

念佛是最方便的方法

忏悔的作用，是坦然地承认，是由于自己从无始以来及今生之中，所造的种种恶业，所以感得这一生不如意的果报。

当在忏悔时，是面对着自己所造的恶业以欢喜心来接受，不管是已降临或尚未来到的果报，虔诚恳切地在佛前忏悔，祈求佛菩萨慈悲摄受，证明自己确确实实地已痛彻悔改，更发广大菩提愿，尽未来际效法佛菩萨不畏艰难，度一切众生。如此则可"将功赎罪"，一方面忏悔，一方面发愿，才能使果报减轻或令业果暂时不现。这才是真正求平安、求如意的好方法。

忏悔发心

进入安宁病房的病患，有很多是癌症末期的患者，他们意识虽仍很清楚，但是身体可能已经非常衰弱，甚至没有办法自主，因此对他们的关怀，可以从佛法劝人念佛的立场来着手。念佛是最方便，最容易让临终病患对未来存有希望的方法。即使是中国的禅宗，在面对临命终时，也是劝人念佛，例如民初禅宗大师虚云老和尚、我的师父东初老人，在他们往生的时候，也都是用念佛的方式。

修净土法门的人，希望能往生西方极乐世界，愿求莲品高升，必须先修忏悔行，发菩提心，方能达到此一目的。拜大悲忏就是忏悔的方法之一。

我们可以在患者临终时为他助念，并且告诉他佛经中所说的一些道理，让他将心中的怨恨、情结、舍不得及种种的执着都放下，使他心开意解；更进一步还可告诉他称念佛菩萨的圣号，依佛菩萨的慈悲愿力，能够往生极乐世界阿弥陀佛的净土，让他对死后的去向发起信心，不会那么彷徨恐惧。

佛教的助念对亡者家属来说也是非常有用的。一般家庭，在突然遭逢亲友往生的重大变故时，难免六神无主，手足失措，此时助念莲友的到来，一者可为亡者助念，同时带动其家属一起念佛，帮助他们把心安定下来；二者亦能从佛法的立场，建议家属如何料理后事。这些关怀和帮助，对亡者家属非常重要，不但让他们感受到人情的温暖，也让他们体会到学佛的好处。

我曾经亲自帮助一位从加护病房移出来，准备回家往生的癌症病患。我告诉他："你将清清楚楚地走向另一个世界，从现在起，不要去注意身体的感受，虽然会感受到痛、不舒服，但是不要觉得那是你的身体；面对你的亲人时，清楚地知道你的亲人在，但不要想到他们是你的亲人，否则会使你牵挂难舍。"

"还有，身体愈来愈不能动，不要觉得有恐怖的事要发生了，把它当成是自然的现象，好像电影的淡入一样，你将渐渐地淡入另一个世界。"

我要他在这个时候最好能够念佛，如果不行，旁边的人可以帮忙念，或是摆一台念佛机，音量放小，同时感觉着自己慢慢淡入，即将进入一个光明的境界。这个时候如果真的有光明的境界出现，千万不要害怕，那是个非常好的现象，不要退缩，就进入那个光明境界。

我又告诉他："不管有没有光明境界，你的心都跟光明在一起；不管听不听到佛号，你的心都要跟佛号在一起。"傍晚的时候，这个人非常安详地往生了，这是用念佛的方法帮助人往生的实例。

我曾问过一位印度禅学老师，他在遇到临终病患或刚过世的人时，会建议他的亲友们，在病人身边打坐，以心念的力量，营造出祥和的气氛，使得临终病患感受到祥和安宁，在这样的气氛下往生，亡者通常不会感到恐怖、忧虑。但是，采用这种方式，必须具备相当禅修经验的人才办得到，甚至还需要一些禅定的基础。在台湾社会中，有相当程度打坐经验的人并不多，所以若是要求照护临终病患的人，采取这个方式，恐怕会有困难。

发愿把自己的未来奉献众生

曾经有些西方人问我，在遇到自己或是亲人往生时，该怎么办？由于西方人不习惯念佛，因此我多半教他们念《心经》，或是教他们了解佛法中"无常"、"无我"、"空"的观念，理解生命的存在有种种生、老、病、死之苦，这在病苦与死苦的当下，特别容易感受到。

此外，如果临终病患能够接受"我们的身体就是一个无常"的观念，那么他的心一定也会比较安定，因为他能了解身体从生到死天天都在变化，每天都有不一样的感受，不一样的情况；身体既然是无常，那么这个"我"也不是真实的，所谓的"我"只是念头的连续而已，就像把一张一张照片分开来看，每一张都是独立的，连接在一起，就变成是一部动作片的电影。

知道我们身体是"无常"、念头是"无我"，那么生命的结束，也就没有什么好怕的。若能不恐惧、不担忧，当死亡——这件自然的事实出现时，就能够内心平和地面对它、处理它。

很多人都会问："人死后，还有什么呢？"有！死后还会有另一个生命、另一个境界，但是我们不用因此而担心死后的世界，不如发一个愿，愿意把自己的未来奉献给一切众生；发了这个愿后，将会产生一股正面的力量，使我们的前途光明，来生会比现在更好。如果能够发起这个愿，必定也就可以安心地走了。

也有些病患临终时身体非常疼痛，痛得连麻醉药都没有用。我认识一位大学教授的太太，她得了血癌，痛得非常厉害，不得已之下，她以拔牙齿的痛来取代身体上的痛，最后她把满嘴的牙齿都拔光了。其实，临终患者若能在疼痛的时候，不要认为那是你在痛，也不是真正的痛，这样不但有助于减轻疼痛，而且在这一生最后的时刻，能有这种面对疼痛的经验，来生将会有更大的耐力。

目前安宁病房可以采取的一些减轻病人疼痛的疗护措施，也是很好的方法。只不过有些人以为临终时身体疼痛可以消业障，所以宁愿让它痛，也不愿接受止痛疗护，这种观念其实是错误的。因果业报之说，一定还要配合因缘；若从因缘的角度来看，有此好因缘，可以减少痛苦，那表示业报已经消了，就表示有福报，不必再受那么大的痛苦。

建立正确的死亡观念

我常劝人不要有等死的心态，但是要为随时有可能会死而准备；也就是说：第一、不要怕死，第二、不要等死，第三、要准备死。什么时候死亡会来，我们无法得知，但是要有下一念就有可能会死的准备；如果建立这样的死亡观念，不但不会怕死，也不是在等死，反而会激发旺盛的生命力，活得更充实些。

所以即使到了安宁病房的病人，也不是就在那儿坐困愁城等着死亡，要用修行的心态，只要活着还有一口气在，就要与人结欢喜缘——与医护人员结缘，与照顾自己的人结缘，与任何见到的人结缘，与有形、无形的一切众生结缘，这样即使是临终，都不会减损其生命的意义与价值。

（选自《法鼓山的方向：关怀》）

死亡的准备工夫

死亡的规划与准备

处理身后事，的确需要一番工夫，遗产、丧葬仪式，乃至债务的清偿等，但是我认为生前做好对死的心理准备还是很重要的。

中国传统的农村社会，年过五十岁的人都会开始为身后大事做准备，譬如买好寿衣、寿棺和寿穴，这就是不想麻烦别人，并且还会未雨绸缪，为自己留一点棺材本。这种坦然面对死亡的态度非常健康，也非常值得现代人学习。因为临终者并不认为死亡是悲惨的事，而下一代也不觉得长辈寿终不可忍受，大家都可以用理性、平静的心情迎接必然来到的一天。

更深一层看，由于年过半百者预计自己将死，就会更积极去完成未了的心愿，或为子孙积德造福；而子女也会自我警惕，把握时间行孝，以免有"子欲养而亲不在"的遗憾。

时代演进到二十一世纪，人类平均寿命虽然延长，但对死亡的准备，反而不比农业社会那么坦然自如。随着医药科技的突飞猛进，大众似乎普遍预期"人定胜天"，对于任何时刻都可能降临的死神，失去随时面对的心理准备，以致当来临时，张皇失措而不能接受命终的事实。

表面看来，现代人受到较好的保护，寿命也延长了，但是死亡的机率其实并没有降低。譬如，现代人死于天灾的人口也许减少；但相对地，人祸方面的死亡机率却增加了。譬如，交通意外事故、职业伤害，以及因环境污染、过度开发破坏自然环境而死伤的案件，也是农业社会所少见。

科技时代的生活形态，降低了一般人对死亡的预期和准备。由迎接新生命这件事就充分反映这样的心态。现代父母都是到医院生产，原因不外乎在医院比较安全，万一发生状况，可以立刻受到最好的医疗救援。但是先进的医疗技术、设备，是否真的能够保证一定平安无事？好像到目前为止还不能吧！

从另一角度来看，医院的功能是双重的，一方面接受生，另方面也送亡。事实上，每个新生命在孕育、出生的过程中，都时时面临病与死的挑战，更贴近地说，人一出世，即与死亡连在一起。若能及早认清有生就有死的必然因果关系，就比较容易克服死亡的恐惧，坦然地接受死亡。

曾几何时，社会兴起"生涯规划"的浪潮，由这股浪潮衍生出许多炙手可热的学说、理论，包括第二专长的培养、性向测定、人格认知、人际关系处理、时间管理、开创人生第二春，甚至理财等等。这些知识的确可以帮助许多人适应或掌握变动不已的新时代，但可惜的是，极少人在谈生涯规划时，纳入"死亡规划"的概念。

反观西方人，他们却常在年轻时就已写好遗嘱，日后再视主、客观条件的改变予以修正。虽然台湾社会目前愿意在身强力壮时，购买保险的人口逐年增加，未雨绸缪的观念比以前浓厚；但愿意在花样年华为自己规划身后事的人，好像并不常见。我建议大家在生命的任何阶段都应该思考死亡的问题，以免当

"意外"发生时，令亲友既悲伤又慌乱。

其实，死亡规划既无须忌讳，也不复杂，主要包括遗体处理（安葬仪式）、遗产及债务处理，这是对自己及别人尽最后责任的具体表现。这些事情没有交代清楚的后遗症时有所闻，例如子女彼此信仰不同，为了父母该如何举行丧仪、安葬，吵得不可开交。更有人为了争遗产，妻子、儿女互控，因而闹上法庭，这些事情对亡者及生者，都不平安。

曾经有一位姓唐的新儒家学者，他自己主张以儒家的"死，葬之以礼，祭之以礼"的方式来办理个人的身后事。但是他母亲过世时，他反而犹豫了，因为他觉得儒家仪式并不是他母亲所需要的。后来，他思索母亲生前习性较倾向佛教，于是采用佛教仪式为母亲举行丧仪。有趣的是，他自己往生时，也采用佛教仪式。

一个人生前有宗教信仰，他的后事比较容易处理，子孙只要依从他的信仰即可；如果没有宗教信仰，那么遗族最好效法唐先生，站在亡者立场多加考虑。

四个真实案例

接下来，我讲一些真实的例子，这些故事中的主人翁在处理遗产，以及面对和准备死亡的态度，对社会上许多人应会有些启发和助益。

有一位老太太，先生过世时留下大笔遗产，老太太的儿女很孝顺，于是她把所有家产全数分给众子女，有孝心的孩子安慰她，请她轮流住在儿女家。

两年后她来见我，心里很痛苦，她说孩子本来都很欢迎她；渐渐地，她觉得事情愈来愈令她不愉快。逢年过节，三个儿子都请她到其他兄弟家，就是不愿意留她在自己家里过节。儿子的房子很大，老太太却都住在客厅里，没有给她自己的房间，因为儿子认为老太太只是偶尔小住一下，在寸土寸金的城市里为她留房间是一大负担。不过，这种处境让老太太很不方便，很没有安全感。

后来，我问她的儿子，为什么"不要"母亲了呢？她的孩子回答说，阿弥陀佛，不是他们不要母亲，是母亲意见很多，老是嘀咕，使得一家大小不得安宁。

最后我请老太太住在寺院里，她谦称自己已身无长物，无法供养佛寺，只好由孩子安排住进养老院。

另外一位老太太，在处理相同情境时，就显得有智慧多了，这位老太太在先生死后，并没有将遗产悉数分给儿女。她把遗产分成四等份，一份让儿女一起分，另一份给丈夫生前的所有员工，第三份用于投资生息孳财，最后一份放在身边，做为生活所需的开支。而且，她也不跟孩子们一起住，自己和帮佣住老家，没有家累牵绊，过得自由自在。

每逢佳节，儿孙回老家与她齐聚团圆，她一定发给每个人一个大红包，儿子、媳妇、孙子统统有，皆大欢喜。即使平日，儿孙们也经常嘘寒问暖，看看老人家是否有何需要，一直到她过世，这个家族都维持圆满和乐的关系。而她的几个孩子为她料理身后事也很尽心，布施、做佛事，一一行事如仪。我想，这位老太太仍拥有两份财产，可能是个不小的诱因。这倒不是说她的孩子只为贪钱才行孝，关键在于人到晚年，最好学会打理自己，不要心存仰赖子女的念头。

当然，社会上不是每个人都能有一笔遗产以供晚年之用，如果自己没有什么积蓄，就要广结善缘。

农禅寺过去有位男信众，他没有什么钱，但是几乎每天到寺里做义工，帮忙做一些小件的木工，也参加助念团为临终者助念。他往生后，我们以僧团行者（发心出家，住在寺里学习出家人的修行生活，准备因缘成熟时落发的在家居士）的仪礼，为他安排后事，许多信众及他生前的朋友也一同为他助念。这恐怕比他满堂儿孙都要做得好，也比一些虽然富有，却少结人缘的人要圆满一些。

所以，拥有财富还得有智慧去运用，但如果没有万贯家财，就需懂得广结善缘，这点很重要。这位男居士不但安心地迎接死亡，更将余年奉献给宗教，像这样愿意付出的人，能从容地面对死亡，他不但生前做事利人，而且这样的死亡态度也对后人有益。因为临终者能够不惊不怖走向人生的尽头，这种平和的情绪也感染了周遭的亲友，使他们不至于陷入悲伤的情境中。

另有一个妙例，这是我的弟子果肇法师和他母亲的故事。果肇法师的父亲去世得很早，姊弟也都各自嫁娶，果肇法师出家前一直与母亲同住，长达十七年。母女两人相依为命，感情非常深厚。当果肇法师提出想出家修行时，老菩萨没有拦阻，这种豁达、洒脱的气概真是少见。

果肇法师到农禅寺后，老菩萨就到农禅寺厨房当义工，参加寺里的各项修行活动，周六念佛共修，每年二次的佛七老菩萨都很少缺席。直到她往生时，一共参加十三次佛七。七十几岁的老菩萨一向不服老，在禅七、禅三、禅一的禅堂中，也经常看到她的身影，非常精进。她为人风趣，人缘极好，大家都称她为"古锥菩萨"。

在她去世的那年元月（一九九八年，老菩萨七十六岁），我刚从美国回台，在寺中遇见老菩萨，我见她走路的样子，直觉她身体不适，就问她："身体好呒？"

老菩萨翘起大拇指说："盖勇啦！"

其实，在寺院挂单那几天，她身体已经很不舒服，但都不愿意让果肇法师知道她的状况已有点严重。环保日的前两天，她的健康状况已经很差，但因为已经答应北投区的菩萨们包粽子、蒸萝卜糕，于是硬撑着身子在园游会的前一晚包好上千粒粽子。当天清晨三点不到，她就起床蒸熟粽子，并送到立农公园将摊位摆设好，才请果肇法师送她到台北长庚医院看病。当天晚上，情况恶化，转至林口长庚医院急救。

之后，老菩萨昏迷了六天，果肇法师时而提醒老菩萨，平日的念佛工夫这时候要用上。这段期间她若是清醒，就会念佛或持〈大悲咒〉，来提起往生佛国的正念。由于她打过十多次佛七以及每周六参加念佛共修的经验，非常熟悉佛号的节奏，所以经常用手拍打床沿做木鱼声响，用念佛来抵抗病痛及昏沉。

第六天，她显得有点烦躁并想回家。果肇法师请果东法师为她开示，果东法师要她把心放下，拿出平日的豪爽气概来面对当前最重要的一刻，万缘放下后，大约过了半小时，她就安详地往生了。

据果肇法师说，老菩萨在病中，因手腕打点滴，鼻孔、嘴巴都插上许多管子，身体僵硬、脸色苍白。往生后，在法鼓山的法师及莲友们的助念下，协助老菩萨提起正念；更衣时，老菩萨的身体变得柔软，脸上泛着红润。她平时睡觉会打鼾，嘴巴是张开的；但往生时，眼、口都阖上，嘴角还带着笑意。

老菩萨往生后的第二天早晨，我向我的出家弟子们说过这样一段话：

　　这位老人家比我们出家众还多一点道心，虽然有病在身，却还是那么镇定、精进，还在为义工的工作发心。老菩萨并不认为自己病情不轻，就可因此好好了生死、好好一心不乱地念佛，她反而依旧奉献，直到最后。

　　有些人害了病，就躺在床上养病（特别是老人家），这时，他们的心情容易陷入低潮，难免哀声叹气；甚至把儿孙、亲友、照顾他的人，都一一埋怨一番，烦恼极重。就是出家众也不能说百分之百不起如此的无明（因愚痴而生的烦恼），于是或者抱怨僧团很"冷血"，或者抱怨师兄弟没情义。能像果肇法师的老菩萨这样往生，真是有福报，说明她烦恼少，放得下，走得多么清爽。这不但对社会大众有启示，就连我们出家众也可以从中学习。

　　最后要谈的例子是一位女信众，如何善用她生命最后的两、三天，让自己的生命圆满结束。

　　这位女菩萨在她先生过世后曾告诉我，将来她死后不打算把遗产留给自己的独生女，而是想捐给我。我劝她，我们两人年龄相仿，谁先去西方尚是未知数，说不定我先走一步，把财产捐给我不是好办法。

于是她决定将遗产捐给法鼓山。我说，那就对了。法鼓山是十方的道场，透过道场来行布施，利益众生，这样的功德就大多了。我本来没有预计事情会来得这么快，但它真的说来就来。

隔没多久，我人在美国，接到她的电话，说她自己快死了，我很惊讶，安慰她不要胡思乱想。但她说：

"师父，我现在在荣民总医院，吐血不止，我快死了。"

"怎么会？你的声音听起来好好的。"

"医生也说我快死了，我要请假出院。"

"既然病得这么重，怎么还要出院？"

"我要出院办理财产过户，请师父指派法师跟我去办手续。"

于是我交代管理寺里财务的两位弟子，陪同去办理。这位女菩萨忙了一整天，看起来身体还不错，与她同行的两位法师不相信她是个即将寿终的病人。事情办妥后，她销假回到医院，第二天就往生了。

事后，我们也依"行者"的身分为她安葬，她的遗族也欣然接受她对身后事的安排。后来，法鼓山用她的不动产成立佛教教育推广中心，又以她留下来的动产设立永久纪念奖学金。

这样面对生命终结的态度既庄严又安详。

（摘自《欢喜看生死》）

放下与助念

　　临终时，如果意识依然清晰，这时应该将生者的种种事务完全放下，不要再为他们牵肠挂肚，平添彼此的烦恼。

　　站在宗教的立场，鼓励临终者念佛并为他们助念是一件极有功德的大事。对已丧失意识的临终者而言，他虽然不能言语，但内心还可以感受到外界的讯息，特别是对亲人的感应力很强，所以助念者的诚心仍然可以传达给他们。

　　助念，就是以柔和的声音、慈悲的心、坚定的信念，在亡者身旁诵念阿弥陀佛的圣号。

　　助念的意义有四种：第一，是个人对个人、家庭对家庭的互助，把丧家的无依、无奈转化为互助的支持系统。法鼓山在一九九三年成立了助念团，我

曾对助念团的团员说，助念之后，大多数丧家会致赠
"红包"做为回馈。但我们绝对不能收钱，而是要收
"人"。因为丧亲者请人助念，他们一定知道助念的
利益，而且也承受了这样的利益。既然如此，就应加
入助念团，进而帮助他人。这就是互助精神的发扬。

第二，帮助亡者往生西方极乐世界。亲友及旁
人助念可以使临终者的神识也跟着念佛，得蒙西方三
圣（阿弥陀佛、大势至菩萨、观世音菩萨）的接引。
即使亡者因自身福慧不够深厚，或因缘不成熟、意愿
不恳切，不能往生西方佛国，但也一定能到较好的
去处。

第三，协助亡者家属安定身心。由于沉缓的佛号
声具有安定力量，可以降低悲伤和恐惧的复杂情绪。

最后，助念也等于是助念者自身的一种修行方
法，也有弘法的功德。助念的经验愈多，愈能坚定往
生西方的信心，自己如果也能念到一心不乱，功德就
非常圆满了。

活着的时候如果有念佛的习惯，且往生西方的
意愿强烈，这又比平常不念佛，临终请人助念要稳当
得多。所以，还是应该平常做准备，以免"临时抱佛

脚"，乱了方寸。

西方极乐世界为最后去处

中国大部分的佛教各宗派大都如此发愿，只有禅宗或南亚的佛教徒例外。如果不去西方，还可以去别的佛国，或转世再来人间修行、弘法，都是很好的。

对于一般大众而言，平日或临终前，发愿往生阿弥陀佛的西方极乐世界是最好的归宿。许多没有宗教信仰的人，平常没想过死后要到哪里，也无所谓到哪里，如果遗族能为他做大佛事、大布施，他还是有机会往生西方。因为人死后难免彷徨无依，丧亲家属不管是拜忏、诵经、持咒，都是给亡者指引一个方向，告诉他"由此去"（往西方）就能离苦得乐，而亡灵通常都会接受指引，因为他也不知道能去哪里。如果生前无定见，死后也无人为他修法指引，而且既非大善人（转生天道），也非大恶人（下堕地狱），那么这样的亡者通常会再生于人世间。

很多人都以为佛国非常遥远，坐火箭也到不了，其实只要一念相应就到了，所以佛经云："屈伸臂顷到莲池。"意思是：只要信心坚定，人与佛土的距离，只要屈伸手臂一次的时间就可以到达。这都还算慢，其实一个念头与佛相应，就可以到达了。

再者，佛教认为各个宗教都有自己的天堂，信心坚定的信徒，都可以往生自己宗教的天国。从这个角度看，对临终者而言，是否具宗教信仰，其间的差别很大的。

（摘自《欢喜看生死》）

第三篇
生死大事即佛事

人生最后一件大事

　　人的死亡有两种情形，一种是寿终正寝，一种是意外死亡。一般认为寿终正寝是年纪老了，躺在床上自然死亡，或是生病住进医院，然后色身慢慢衰退，一直到生命力衰竭。其实年轻人若能预知死亡时间，譬如罹患癌症者，已经做好面对死亡的准备，开始念佛，这也是寿终正寝。

　　意外死亡就是一般人说的横死，譬如车祸、天灾，发生的时间通常很短，可能来不及念佛，或根本不知道要念佛，这就有赖平时做好死亡的准备。

　　如果平常没有准备，突然间死亡了，亲戚、眷属应该要为他做佛事，为他超度，为他做布施。假如家属也没有修行，可以请助念团帮忙。

　　如果是你的亲友家里有人过世，而你身旁刚好又没有助念团的莲友居士可以帮忙，在他的家人能够接受的前提下，你可以先去安抚他们，协助处理后事。家里有人突然往生，一定会手忙脚乱，你可以问他们要不要念佛，告诉他们："我是信仰佛教的，此时念佛对亡者很有用，他心里会平安。如果你们跟着我一起念，你们的心会平安，也能影响到亡者，而能平平安安地往生。"

一、往生的过程

无论是寿终正寝或是横死，都不是立刻死亡，而是还有一点神识，然后再慢慢地消失，直到没有感觉。

消失的过程是四大与五蕴配合起来渐渐地离散；四大是身体里的地、水、火、风，离散的次序分别是地大、水大、火大，最后是风大。

当地大离散时，最后一口气将要断，身体开始不听使唤，渐渐僵硬，然后痛到了极点，痛到最后连痛的感觉也没有，就像"生龟脱壳"一般。试想将一只龟的壳活生生地给剥下来，这比剥皮还要痛苦几百倍。一下子痛完以后，身体开始觉得沉重，就好像是千千万万的石头或是一座山压在身上一样。这是因为地大要离散了，也就是色蕴的功能逐渐地消失。

接着是水大。水大离散时，受蕴的感觉非常强，身体重的感觉还在，口会觉得非常地渴，一般叫作脱水，也就是身体里的水分开始凝固，血液已经不流通了，即使很渴，也无法喝水。这时嘴唇发黑，脸色转青，因为血液慢慢凝固了。

然后是火大。当火大离散时，身体就像进入火山口那样，首先是热，一下子又变成冷。因为身体的热量、热能最后都集中在我们的头部，身上已经没有火，觉得非常冷。此时想蕴也跟着慢慢地消失，头脑的思想、记忆渐渐模糊，什么都不知道，这是火大离散。

最后是风大。风大离散，微细地一点点呼吸渐渐没有了，我们平常的呼吸应该是出息入息均等，但当风大即将离开时，渐渐地只剩出息，而没有力量吸气了，愈吸愈吸不进去，就像在被戳了一个洞的轮胎上面压了千斤的石头，气只能出而无法进。虽然这时很渴望吸气，但没有气，最后连一点点的气都没有时，就断气死亡了，就是风大离散。

风大离散时，"身体是我的"的执着还在，但是已经无法控制身体了，在这段时间，你只能够执着，头脑里已经没有任何东西，是一片浑沌，因为想蕴，头脑的记忆已经没有了，只剩下最后的识蕴。识蕴就是一个糊涂的存在。

二、决定往生的力量：随重、随习、随念、随愿

佛教认为人过世之后，是依四种原则决定他的去处。一是随重往生，随他生前所做善恶诸业中最重大的，先去受报；二是随习往生，随他平日最难革除的习气，而到同类相引的环境中去投生；三是随念往生，随亡者命终时的心愿所归，善念则转生人间、天上，恶念则转生三恶道中；第四随愿往生，发愿学佛则往生佛国净土，或转生人间继续修行。

学佛修行的人，知道要发愿，可以随愿往生，一般没有学佛的人，不知道发愿，就会随重业往生。业有重业、轻业，随重是以重业为往生的第一优先，如果是天上的业重，就会生天，如果地狱业特别重，

就会堕入地狱。佛经里说，下地狱如射箭，一断气马上进入地狱，连中阴身阶段都没有，那是十恶五逆的重业。

其实往生西方极乐世界也是重业，临命终时能见到一片金色的光芒，那就是无量光。光中有佛、菩萨，手执金台前来接引，你自然而然登上莲台，很快就到了极乐世界。有的人在断气前就能看到光和佛菩萨等瑞相，有些甚至连家属也可以看到。

三十年前，台北有一位吴姓医师，他的父亲是前清的宫廷医师，一生念佛。他父亲往生时，全家围绕床边念佛，往生时十分安详。当时他就看到父亲房间的墙上放光，整个房间很亮，然后在上面出现佛菩萨像，而且是活生生的，并不是画的，当场大家都跪了下来。

临命终时，如果愿力很强，心念就与愿力相应；如果业力很强，心念就与业力相应；这就是随愿和随重。

如果没有重业也没有发愿，就会随念往生。我们学佛的人虽然知道要发愿，而且在往生以前就已经发愿，可是如果平常发愿不恳切，没有形成习惯，只有在打佛七或参加共修时跟着大家念，根本不了解什么叫作发愿，那只是种种善根。临命终时，很容易就忘掉了，与愿力不相应，可能连念佛的时间、机会都没有，到时就是随临终的念头而往生了。

临终时，如果是非常强烈的贪念，首先可能会生到畜生道，再来是饿鬼道；如果是瞋心很强的人，首先则可能是畜生道，再来是地狱道。因此，死亡时的念头非常重要。

临终时的念头可能与你的习惯有关，此时就是随习往生。习就是平常的习惯，临死时，会产生很大的力量，十分可怕。

所以我们平时要养成念阿弥陀佛的习惯，烦恼一出现就念阿弥陀佛，常常保持自己的正念。妄念、邪念、恶念出来，要惭愧、忏悔、念阿弥陀佛，不断改善自己，这样与人相处时，自然就会生起慈悲心，并且把所有的人都当成菩萨看，以感恩、感谢的心来对待。此外，还要常常想到四福：知福、惜福、培福、种福；还有四要：需要的不多、想要的太多、能要该要的才要、不能要不该要的绝对不要。不然临终时，还在想这个、那个，不应该要的、不能要的还在要，根本想不起来要念佛。

有人看儿子、媳妇不孝顺，不舍得把钱给他们，就把钱锁在保险箱里，临终时还把保险箱的钥匙紧紧握在手上。这时连身体都已经不能要，还要那个东西做什么？这就是生前养成守财奴的习惯，所以放不下。

活着时养成各种各样的习惯，临终时很麻烦，所以，我们要随时反省检讨自己的习气，尽量将它转变成念佛的心、慈悲的心、布施的心、多结人缘的心、不生烦恼的心，并且常常忏悔、惭愧。一旦养成这种习惯，临命终时自然而然也会生起慈悲心、惭愧心、忏悔心，即使有瞋恨或贪欲的念头出现，也会念一句阿弥陀佛。这时就算是已经快到地狱边缘了，或者是已经进入地狱里，若还能提起一句佛号，马上就能离开地狱。念佛就是忏悔，只要有惭愧、忏悔，一定出三涂，也就是不会在三恶道里，因此我们平常的工夫非常重要。

过去有一个老菩萨，住在农禅寺里做义工，后来因为身体不好，坚持搬了出去。虽然搬了出去，但还是经常回来做义工。这个菩萨心里只有佛，当时有人劝他："你是大陆人，应该去大陆玩一玩、看一看。"他说："阿弥陀佛！我想去的是西方极乐世界，去大陆又不能帮我到西方，有什么用？我已经把所有的钱都拿去做功德了。"

有一天，有人通知我们，说他倒在路旁往生了，目前在殡仪馆里。虽然他往生时，没有机会给他说法，但是像他这样的一个人，保证往生西方。因为他在生前就是这么恳切地相信能到西方、愿意到西方，随愿、随习，当然到西方去了。而且他身后有我们替他念佛、替他做功德，一定能到西方去，不用担心他会堕落。

三、往生时保持正念最重要

在明白死亡的过程及往生的引力后，可知死亡时，最重要的就是要正念分明。虽然有那么多的痛苦，而且因为没有办法呼吸，脑中缺氧，脑神经、脑细胞也要宣告死亡，头脑里什么都没有了，这时唯一可以依靠的就是念力或愿力。

不要紧张、不要恐慌，也不要舍不得子女孙儿、钞票股票、房子财产，如果都放不下的话，也会舍不得身体。死的时候还在说："我不甘心！我不甘愿这么早就死，虽然已活到九十岁，但有人活到一百岁，我为什么不能活到一百岁？"就是这我不甘愿、我不想死和我想多活一点的念头，让你往生西方的愿心发不出来，正念也提不起，就会随重或随念、随习往生。

如果在死亡的过程之中，能保持"照见五蕴皆空"，觉得五蕴和合的身体是空的，无论出现什么感觉都不管它，反正死亡就是如此，要像我常常讲的：面对它、接受它、处理它、放下它。若能用这种态度，就是般若的智慧。

四、往生后的世界

往生以后的世界到底是怎么样？

有一对夫妻非常恩爱，每天都在山盟海誓。有一天，太太突然害病死了，先生心里很难过，日夜思念却又梦不着她，于是到处去问，最后遇到一位有神通的高僧，那位高僧劝他："唉！人已经死了，她有她的世界、你有你的世界，就不要再想她了，还是好好念佛修行吧！”先生不肯，执意要高僧帮忙找，高僧没有办法，只好对他说：“既然如此，我就带你去一个地方。”

高僧带先生来到郊外，指着路边的牛粪说：“你看到牛粪里的两只虫吗？其中一个就是你的太太。”只见那两只虫一前一后，一个跟一个，好像很有趣味地在那边钻。他高兴地说：“那我也要变成虫。”于是高僧就暂时把他变成一条虫了。

先生变成虫后，也进了那一堆牛粪，但是太太不但不认识他，还找了另外一只虫合力打他，要把他赶走。先生连忙讲：“我是你丈夫，你说过要永远爱我的，所以我来了。”太太说：“我才不认识你，我和我先生恩爱得很，不要胡说。”两只虫又连合起来打他。高僧赶紧把他救回来，等他还魂变回人后，问他：“你还要去吗？”他说：“再也不去了，她才死没多久就不认识我了，真是薄情寡义。”

世界上有很多人就是那么愚痴，这一生在一起，就希望下一生、生生世世永远在一起，那是受民间信仰的影响。民间信仰认为人死了以后可以团聚，譬如宗祠，同一家族的人，死后都葬在同一个区域，一代一代下来，整个家族就会团聚了。但是佛法认为，各有各的因缘、各有各的果报，人死之后，如果有大福德、大善根，很快就生天或转生为人道；如果有极重罪业的人，譬如十恶五逆，死了以后很快就进入饿鬼道、地狱道去。如果有恶业也有善业，就要看因缘是什么，哪一类先成熟就转生到哪一类。

死亡以后，在还没有转生之前，也就是在等待因缘的时候，称为中阴身。中阴身的阶段，据说是四十九天，如果不投生，就是在鬼道。鬼道里有福报的近乎于神，比较自由，甚至成为地方上、地区性的神祇，譬如土地公、城隍爷。没有福报的则以气为身体，只能依草附木，在这里待一待、那里躲一躲，没有一定的形态。人间唯有因缘成熟的人才能见得着他们，即使是自己的亲人也是一样；而鬼道众生要再转生，必须等待因缘成熟。

善根深厚者可以转生为人，善根不深则可能变成畜生；转生时并不知道要进入畜生道，但当变成畜生时，又已经忘掉自己原来是什么，所以在中阴身阶段需要超度。超度的确有功能，他们来听闻佛号，可能随着念也可能只是听，光只是听，对他们就很有用。譬如我现在讲开示，你们用心听，由于你们的心在听，跟你们有缘的，像祖先、过世的亲友或怨亲债主，会因为你们的关系而得到力量。至于讲的内容，善根深厚的可以听得懂，善根不深的虽然听不懂，但是由于你们和他们的关系，还是能得到力量。即使有的人只是写牌位，没有来念佛，但是由于诚心、布施心、供养心，同样能产生作用。

即使已经转生，超度还是有用。已经转生为人的，可以增加他们的福德、健康和善缘；已经往生西方极乐世界的，莲花的力量可以强一点，也可以早一些见佛；已经生天的，天福也会比较长一些、大一些。至于已经在地狱里的人，要超度很难，连目犍连尊者这样神通第一的阿罗汉，要救他母亲都很困难了，何况是我们一般人。但根据《盂兰盆经》，若做大供养、大布施，特别是供僧、供养三宝，再加上自己大修行，还是会有一点用处。

五、往生前的准备

　　但最好还是活着时自己修行，死后等人超度，机会非常渺茫，也非常不可靠。一来生死毕竟两隔，亲人为你做的功德与你的心不容易结合，力量很有限。二来你的儿孙、亲友也未必会超度你；因为亲友往生，人们慌乱之际，很容易就随习俗供几碗菜、烧烧纸钱来表示心意。

　　我们不仅要自己念佛，还要劝其他人一起修行，特别是父母，这样往生的时候，内心与佛是相应的，若再加上亲友一起念，一定能与佛相应，往生西方极乐世界。劝父母念佛，是最孝顺，也是最好、最恭敬的礼物，这要比一天到晚嘘寒问暖，或每餐给他们吃山珍海味更好，因为念佛是长远的。

　　所以，诸位参加念佛共修，不管是整天念，或是只念一炷香，即使一炷香之中只跟着大家念了几句佛号，都有无量的功德。不过还是要尽量想办法多念，不要浪费一秒钟，专心一意地念佛，养成习惯之后，自然而然在任何时间都在念佛。临命终时，不论是在什么样的状况下死亡，你的心都会提起佛号，与佛还是会相应，保证可以到西方佛国净土。

印度有一位圣雄甘地，他是被暗杀死亡的，被刺杀的当下，念了两声他所信仰之最高神祇的名字，这就是信仰心的表现。他是那么诚恳虔诚，平常早已经与他的信仰合而为一，时时刻刻相应着，所以任何时间死亡对他来讲都相同。

佛七是养成念佛习惯最好的时间，但是不要一解七就不念了，果真如此，更遑论临终了。所以，诸位要随时提醒自己念佛，念念不断地念；不管嘴上念不念，心里不要忘掉了佛号。不管是任何时间，发生任何的状况，一出口就是一句佛号，这是最保险的；如果不应该死，就能逢凶化吉，如果寿命已尽，也会往生西方极乐世界。

有一些人很奇怪，听说念阿弥陀佛很好，就跑来念阿弥陀佛，明天听说念地藏菩萨有用，就念地藏菩萨去了，后天听说念药师佛才能够治病，马上又念药师佛去了，后来听说来了个喇嘛、活佛，有什么法、什么咒，念了以后就会如何如何，结果又跑去修那个法了。这样会把自己弄得很复杂，任何一个法门都不熟悉，临终时不知道要念什么。一下想念药师佛求寿，一下想念阿弥陀佛求佛接引，一下担心死了以后到地狱去，又想念地藏菩萨，最后可能一句也念不出来了。要养成随时随地都能脱口而出，就是一句"阿弥陀佛"。

（选自《圣严法师教净土法门》）

为什么要做佛事？

一、前言

　　你们是为了慎终追远、报答亲恩，或是为了超度眷属、纪念故友，或是为了植福延寿，消灾免难等等的因缘，来做一番庄严而隆重的佛事；你们花费了很多的物力、财力和人力，来成就此一善举，但是，真正做佛事的意义，你们完全了解吗？请你们细心地把这篇文章读完，那么，这堂佛事，就更有意义，更有功德了。因为这里面将向你们介绍佛事的定义、佛事的用处、死亡的问题、亡灵的性质，以及诵经、礼忏、放焰口等的意义。

二、什么叫作佛事？

广义地说：凡是做的是信佛之事、求佛之事、成佛之事，都叫作佛事。佛说人人都有成佛的可能，只要你能信仰佛所说的成佛方法，依法实行，必将可以成佛。所以佛事的范围有狭有广，所谓"佛法无边"，就是广义成佛的方法之多，多得不胜枚举，例如：拜佛、念佛、行善止恶，说佛所说的话，行佛所行的事。要做到"持一切净戒，无一净戒不持；修一切善法，无一善法不修；度一切众生，无一众生不度"，换句话说，就是"诸恶莫作，众善奉行"。也就是积极地自救，尚要积极地救人。

因为佛教主张成佛要从建立一个完美的人格开始，所以先要劝人不杀生、不偷盗、不犯他人妻女、不欺诳、不酗酒，这与儒家的五常：仁、义、礼、信、智，非常相近。进一步要使人成为超出于凡夫之上的圣人，佛教所说的圣人，是指解脱了人间种种苦恼的人，例如：生与死、老与病等等，这些苦恼解脱以后的境界，便是佛教的目的。

如何达到解脱生死苦恼的目的，那就要信仰佛所说的方法，照着去实践。看经、诵经、听经，便是看的、诵的、听的解脱生死乃至成佛的方法。所以，真正的佛事，是要大家自己来做。

但是，对于不懂佛法、不会修行的人们，遇到他的父母亲友死亡时，在没有办法之中，只有请出家人代做佛事，的确也有用处。本文中所讲的"佛事"，大部分便是侧重于这种狭义性方面的说明。

三、请出家人做佛事有什么用处?

出家人是修持佛法的人，也是弘扬佛法的人；是职业的修行者，也是职业的弘法者。因他们做的佛事有功于人也有德于己，你供给他们的生活所需，使得他们安心地做佛事，你也就间接地有了功德。所以佛说出家的僧尼，是众人的功德福田。

本来出家人的职责，并非专为超度亡灵，甚至可说，出家人要超度的主要对象，是活人而非死人，虽然佛法的修行者，的确重视临命终时的补救法门。

四、临命终时怎么办？

人，当在出生的时候，就已决定了死亡的命运，所以，生的情景未必可喜，死的情景也未必可哀。以佛法来说，若不出离生死，都是可怜悯者！

因此，信佛学佛的人，平日所做的佛事，在临命终时最能得力。平日修行有素，命终之后，必可出离生死的凡界，往生佛国的净土。

人死之后的去向，有三种力量来决定他的上升或下降：1.随重，随着各自所造的善恶诸业中最重大者，先去受报。2.随习，随着各自平日最难革除的某种习气，先到同类相引的环境中去投生。3.随念，随着各自临命终时的念头所归，而去受生六道，或生佛国净土。

由于如此的原因，佛教主张人们应当诸恶莫作、众善奉行，应当革除不良的习气，应当着重平日的心念，乃至念念不忘佛、法、僧三宝，念念要将自己所做的一切功德，做为往生佛国净土的资本和道粮。

学佛的工夫，主要是靠平时的修行——皈依三宝，受持五戒，供养布施，礼忏诵经，救济贫病，造福社会。假如平时没有进入佛法，临命终时，尚有一个补救之道，那就是根据"随念往生"的道理，劝他一心念佛，劝他万念放下，切切不要怕死，切切不要贪恋家属亲友和产业财物，切切不要心慌意乱，应该一心念佛，念"南无阿弥陀佛"，若已无力出声念，则在心中默念，他的亲属如果真的爱他，那就不可在他弥留之际放声大哭，因为那只有使他增加痛苦和下堕的可能。并且要劝大家陪伴念佛，使得临终之人的心念，融洽于一片虔敬恳切的念佛声中。若能如此，死后当可往生佛国净土，若其寿数未尽，也能以此念佛功德，使他早日康复，福寿增长。

人将命终，或坐或卧，侧卧仰卧，均以他自己感到舒适为宜。若已昏迷而尚未断气时，切勿因他有便溺沾身就给他洗澡或擦拭，以免增加他的痛苦瞋恼而影响到死后的去路。命终之后，鼻息虽断，只要尚存一丝暖气，他的神识仍未脱离肉体，故须经过十二小时后，才可为他浴身更衣。若用火化，最好是在经过二十四小时后。

五、亡灵是什么？

人死之后，若不超凡入圣，一般说来，便成了亡灵。现在说到超度亡灵，先要说明亡灵的性质。人死之后的生命主体，称为亡灵。民间一般的观念，认为人死之后即是鬼，而且永远做鬼；在我们佛教，绝不接受如此的观念，否则，就谈不上超度两字了。佛教看凡界的众生，共分为天、人、阿修罗、鬼、傍生（牛、马、蚊、蚁等动物）、地狱等六大类，在此六类之中生来死去，又死去生来，称为六道轮回，所以，人死之后，仅有六分之一的可能成为鬼。佛教使人超出并度脱了这六道轮回的生死之外即称为超度。

但是，凡夫在死后，除了罪大恶极的人，立即下地狱，善功极多的人，立即生天界而外，一般的人，并不能够立即转生。未转生的亡灵，却不就是鬼，那在佛教称为"中有身"或名"中阴身"，即是在死后至转生过程间的一种身体，这个中阴身，往往就被一般人误称为鬼魂，其实它是一种附着于微少气体而存在的灵质，并不是鬼魂。

中阴身的时间，通常是四十九日，在这阶段之中，等待转生机缘的成熟。所以，人死之后的七个七期之中，亲友们为他做佛事，有很大的效用。若以亡者在生时最心爱的财物，供施佛教，救济贫病，并且称说这是为了某某亡者超生而做的功德，亡者即可因此而投生更好的去处。所以佛教主张超度亡灵，最好是在七七期中。如果过了七期之后再做佛事，当然还是有用，但那只能增加他的福分，却不能改变他已生的类别了。假如一个人在生作恶很多，注定来生要做牛或做猪，当他死后的七七期中，若有亲友为他大做佛事，并使他在中阴身的阶段听到了出家人诵经，因此而知道了一些佛法的道理，当下悔过，立意向善，他就可能免去做牛做猪而重生为人了；如果当他已经生于牛群猪栏之后，再为他做佛事，那只能改善这条牛或这头猪的生活环境，使之食料富足，不事劳作，乃至免除一刀之苦，被人放生；如已生在人间，便能使他身体健康，亲友爱护，事业顺利；如已生到西方极乐世界，也能使他莲位的品级升高，早日成佛。

六、谁该做佛事？

一般人以为，做佛事是出家僧尼的事，其实，这仅说对了一半，因为，出家人固然要做佛事，如果你想得到佛法的受用，必须也要自己来做佛事。与其等到死后由亲友们为你做佛事，何不趁活着的时候，亲自做些佛事呢？

佛法的超度对象，主要是活人，如果平时不修行，临死抱佛脚，功效虽也可观，但已不及平时有准备的落实可靠了；如果自己不做佛事，死后由亲友请了僧尼来代做，功效自然又差两层了。所以《地藏菩萨本愿经》中说：若由活人超度死人，死人只能得到其中七分之一的功德，其余的六分功德，仍由做佛事的活人所得。

因此，我要劝你，既来佛寺请出家人做佛事，必定对佛教存有敬意，如果尚未皈依佛教，欢迎你早日皈依，皈依之后，再慢慢地理解佛法，如法修行，岂不更好？

来请僧尼做佛事，是为超度你的亲友，或为安慰一下你对已故亲友的怀念之心，所以这一佛事的主动者，就是你。佛法讲求诚心，有诚心即有效应，诵经拜忏的出家人，固然要至诚恳切地做，你来请求他们诵经拜忏的心，也要非常地虔敬，要深深地相信他们所做的佛事，必能使亡者得到很大的利益。

佛法讲求感应，感应的动力，就是至诚心，诚意的深浅，可以决定感应的大小，如人撞钟，重重地撞，便大大地响，轻轻地撞，便低低地响。

因此，同样做一场佛事，所得的效果，则因诚心的差异而有大小不同。佛教主张大家亲自做佛事的原因也在于此，所谓"各人吃饭各人饱，各人生死各人了"。由他人代做佛事，在受用上差得太多，所以万一自己未及信佛学佛便亡故了，则以有血统关系的亲人代做最好，所谓母子连心，在生时容易相互感应，死亡后的亲情之间，也最能引发至诚恳切之心。所以，地藏菩萨在过去很远的时劫中，曾经数度为孝女，每次均以至诚心为亡母做佛事，拜佛、供佛、念佛、求佛，感得佛或罗汉等的指引，而使亡母超度。

如果没有骨肉至亲，或者不是骨肉至亲，那么，与亡者生前有关系的人，要比无关系的人，更容易引发虔诚心，更容易产生感应的效果。

因此我要奉劝你，既来佛寺礼请僧尼做佛事，做佛事的中心者就是你和你的家人亲友，而不是僧尼。僧尼做佛事是他们的日常功课，你做佛事是为了超度你亲友的亡灵。照理，你和你的家人亲友，都该参加诵经拜忏，如果不会的话，至少要在这天斋戒沐浴，摒除荤腥淫欲，专念"南无阿弥陀佛"。

七、诵经做什么？

佛经是佛所说的信佛、学佛，而至成佛的方法。方法无边，所以佛经的数量和名目也很多。在我们这里，最适用和最通行的，则有《华严经》、《法华经》、《地藏菩萨本愿经》、《药师琉璃光如来本愿功德经》、《金刚经》、《阿弥陀经》、《心经》等。

诵经的起源，出于印度释迦佛的时代。当时的佛经，既没有印刷本，也不用抄写本，都是靠着以口传口地口口相传，所以，要听佛的弟子们代佛说法，往往是听他们将所曾听过而已熟记的佛经背诵出来，自己要想熟记某一部佛经，也得下工夫把它背诵出来，到后来，诵经便成了学习佛法和宣传佛法的基本工作。

　　但是，佛教徒为何要把某一部经，诵到烂熟之后，还要在佛像之前一遍又一遍地诵呢？这有两层理由：

（一）是把佛经当作一面鉴察我们心行标准的镜子

　　凡夫难保自己不犯错，有时犯了错，尚不能知错改错，但当面对佛像，口诵佛经之时，就同听到佛在亲口说法来教诫我们一样，使我们一次又一次地策励修行。已经犯的过错，赶快改正；尚未犯的过错，决心不犯；已经修的善功，努力增加；尚未修的善功，立志去修。这像一位爱美的女士，闺房中有了镜子，出门时也要随身携带镜子，早晨照过镜子，偶一动作之后又要再照镜子，今天照了镜子，明天、后天、大后天，乃至明年、后年，还是要照镜子，那无非是为要保持或增加她面容的整洁美丽而已。

（二）是将诵经当作代佛说法的神圣使命

　　佛法的主要对象是人，除人之外，六道众生之中，尚有天、神、鬼，以及少数的傍生或畜生（动物），也能信受佛法。所以，虽在无人之处，或在无人听懂所诵的经义之处，只要有人诵经，就有异类的天、神、鬼、畜，来听我们诵经。天、神、鬼三类的众生，以及部分的傍生，均有或大或小的神通，我们诵经之时，只要专诚，即能感应他们来听经。若你为你亡故的亲友做佛事诵经，你的诚意初动，你那亲友的亡灵，就已得到了消息，必定会如期前往听经；亡灵的灵性特别高，纵然在生之时从未听过一句佛法，死后听经，也能依其善根通解信受。

八、拜忏做什么？

拜忏，又称为礼忏，就是礼拜诸佛菩萨，忏悔自己的一切罪业。

凡夫的言语行动，如果加以深切仔细考察，可以说经常都在犯罪造业。凡夫的生死轮回，即是由于各自所造的"业力"所牵引，如在过去世中不曾造下罪业，现在便不会再做凡夫，如果今生断除了一切罪业，当下就是圣人的境界。

　　凡夫是很苦恼的，对于过去生中所带来的罪业，无可奈何；对于今生已造的罪业，也无可奈何；从今以后要想不再继续造罪，仍是毫无可能。因此，我们伟大的佛陀，即以大慈悲心，为凡夫众生，说了一个忏悔罪业的法门。

　　前面所说的诵经，是让我们对着佛法的镜子来照，现在所说的忏悔，是教我们把自己的心放进佛法的水中去洗。拜忏的功用，即在于洗刷我们这颗染污着罪垢的心。

　　所以，对佛忏悔，并不是求佛赦罪，而是求佛证明，向佛坦白自己所作的罪业，下定决心，不再故意作恶。对他不起称为忏，对己认错称为悔。佛菩萨是如此地伟大慈悲与清净圆满，佛菩萨希望我们也成为伟大慈悲与清净圆满的圣人，而我们却仍在自作自受的罪业中打滚，所以要忏悔。我们拜忏的作用，即是洗刷自己的罪业之心，好像是从沙里淘金，渐渐地将沙淘去，就得着了黄金；我们向佛拜忏，渐渐地将罪垢忏除，就得着了清净的解脱之心。

　　在中国的各种忏法仪规，是由许多祖师根据佛经编成的，最盛行的，则有梁皇宝忏、三昧水忏、大悲忏、药师忏、净土忏、地藏忏、千佛忏等。修这些忏法的人，历代以来，均有很多灵验传载，的确可谓"功不唐捐"。

拜忏，最好当然是你自己亲自来做，如你自己尚未学会，或者觉得拜得尚不够多，礼请僧尼来做，或代你亡故的亲友来做，自然也有功德的，其中的道理，则与诵经相同。

九、放焰口做什么？

焰口，是指鬼道之中的饿鬼。鬼道众生分为三等：1.在生之时，做了很多善事，若投为鬼，便成福德大力的多财鬼，一般人所信的城隍及土地等神祇，即属于此类的鬼神。2.在生时做的善事不多，若投为鬼，便成薄福少力的少财鬼，一般所信的鬼，多半就是此类。3.在生时悭贪吝啬，一毛不拔，专占他人的便宜，若投为鬼，便成无福无力的饿鬼，一般人所说的孤魂野鬼之中，即有饿鬼。这一类鬼的食量极大，喉管却极细，有了食物也难以果腹，何况由于业报的关系，他们很难见到食物，纵然得到了可口的食物，进口之时，却又变成了臭秽的脓血，所以他们常受饿火中烧，烈焰从口而出，故名“焰口”。

佛陀慈悲，说了好多种神咒，例如〈净业障真言〉、〈变食真言〉、〈开咽喉真言〉等。凡是依法诵持这些真言神咒之时，被召请前来的饿鬼们，就可仗佛的神通愿力而饱餐一顿，饱餐之后，再为他们宣扬佛法，劝他们皈依佛、法、僧三宝，为他们传授三昧耶密戒，永脱鬼道的苦恼，这就是放焰口的作用和目的。

因此，放焰口对于鬼道来说，等于是无限制的放赈，所以又叫作“施食”。如果你的亡者亲友，并未堕落于饿鬼道中，放焰口就相同于代他们做了放赈济苦的功德，所以也是有用。

十、人鬼之间的佛事

一般人误将做佛事，看成专为死鬼而设的仪式。因此，我要再度地告诉你：佛法的主要对象是为活人而非死鬼，为亡灵超度，乃是一种补救的办法，不是佛教的中心工作。

所以，做佛事宜在生前，死了人固然要做佛事，结婚、生产、禳灾、祛病、祝寿、谋职、开张、交易、建造、安居、行商等等，也都应该做佛事。修功积德，行善致福，做佛事岂仅为了度亡而已？佛法能致现生之福，能致后生之福，能致人天富贵的世间福果，尤其能致福智圆满的究竟佛果。

民间习俗，以为诵经拜忏，可给鬼魂在阴间当作钱用，又焚烧纸库锡箔及冥票，给鬼魂在阴间增加财富。其实，佛法门中，没有这种观念。诵经拜忏是为亡者超度增福，亡者死了也不一定入于鬼道，鬼道的众生也用不着人间给他们钱用，用钱仅是人间贸易的媒介物。焚化纸钱，也仅中国大约自汉、唐之世流行下来的民间风俗而已。

既然人死之后，若不解脱生死，也只有六分之一的可能生于鬼道，所以请你不要确定你的亲友死后就成了鬼，你应以虔诚心祈祷佛法的加护，加护你的亡亲故友，超生西方极乐世界，至少也该盼望他们生于人间或生于天上才是。

在中国大陆，尚有一种风俗，即是男人死了，要请和尚做一场"过渡桥"或"破地狱"的佛事，女人死了，则做一场"破血湖"的佛事。这在佛法中也无根据，佛教既不以为人死之后必堕地狱，何以一定要把新死的亡灵引到地狱中的"奈河"及"血湖"中去走一趟呢？

所以，我要奉劝本文的读者，应当自己来做佛事，并当明白为何要做佛事？当做什么佛事？

（选自《学佛知津》）

如何守丧

儒家的圣哲说："父母在，不远游。"又说："父母过世，三年不改其志。"这都是孝道、守孝的意思。现在，我们还是可以这么做的。

所谓："父母在，不远游。"是因从前交通阻隔，出去十天半个月，音讯渺茫，为了不让父母担心，所以不远游。现在我们把居住的地球叫作地球村，我们只是在同一个村中活动，并没有远游，一上车就可以打移动电话给父母报平安；出了国，随时随地可以和父母通电话，话家常。

守孝三年，是说小孩必须仰赖父母照顾衣食三年，所以，父母去世三年内不改其志，做任何事，都要想父母是怎么讲的，我这么做有没有违背父母的遗志。还有三年当中，把父母棺材停在一处，不能移动，想象父母音容宛在；三年以后，可以把骨头捡起来，重新改葬。

把握住这个主旨，目前规定的丧假四十九天已经算够长的了，处理父母后事绰绰有余。我们只要把父母遗体妥善处理，以庄严、隆重而又不浪费的礼仪来办后事。然后，念念不忘地愿他们在佛国净土永远修菩萨道。我们自己在父母过世后的四十九日中，要念佛，也希望他们能以生前的功德，或因他们生了我们这种对社会、人类、众生有贡献的儿女，而有很好的福报、果报，在西方极乐世界莲花也开大一点，然后回到我们人间来，以菩萨身分度众生时，他们的能力也强一点。这就是以佛教精神，配合中国孝道观念，所发展出来的现代化守丧原则。

中国人喜欢骂人家祖宗三代。父母去世后，我们更要念兹在兹，不让父母因我们而挨骂，所以，就要更加谨慎，努力地自我成长，相信父母在天之灵，或在佛国净土的菩萨莲花位上，看到我们这么勇猛精进，他们会很高兴、很欢喜。这就是孝道。

"守丧"最重要的是守住孝道精神，而不是守墓三年，或在家三年不出门，不剪头发，也不刮胡子，披麻衣，持丧棒，仪表没有威仪，这不是健康的作法。

另外，送葬队伍蜿蜒几公里，妨碍交通；锣鼓喧天，麦克风制造噪音，妨碍沿路居民安宁。这在过去社会中，由于平日亲朋好友难得相聚一次，借着老年人的丧事，亲朋自远方来见一次面，所以，把丧葬礼仪安排得很热闹，确有其凝聚和调剂的作用。现代人已是天涯若比邻，天天见面、通电话，各种娱乐节目从电视机的荧光幕上送到每一户人家里。若把送葬排场弄得太繁复铺张，已不是哀荣，而是成了噪音和公害。

最近我有一位信徒的母亲过世，收到几十万元的奠仪，几个兄弟把它凑足一百万元，再分成几份捐给慈善团体，捐给慈济功德会，也捐给我们法鼓山。像这种作法是值得鼓励的，为他们的亡母做功德，造福广大的社会大众，是真正的孝道。

（选自《法鼓钟声》）

提倡环保的民俗节庆

　　民间的习俗节庆有很多陋习，如果不改善、不进化的话，人家会觉得我们很落伍。以台湾的中元普度来讲，整个过程中会燃烧大量的冥纸，根据台北县长周锡玮提到，去年（二〇〇六）七月份仅仅在台北县就烧掉了四亿。实际上，台北县并不是烧得最多的，估算起来，全台各县市烧掉的数量非常庞大，整个台湾就好像是一个专门烧冥纸的大金炉，这对我们的国际形象影响很大，如果国际人士问起："为什么你们要烧冥纸？"唯一的理由就是迷信。

烧冥纸无益亡灵

　　环保署调查，民间有百分之七十以上的人都知道

不应该、不需要，也赞成不烧冥纸，但是因为左邻右
舍都在烧，自己不烧觉得不好意思，如此一来，烧冥
纸的习俗相当不容易改正。我在这里提出一个建议，
首先，劝导寺院、道观，包括佛教、道教，以及民间
的土地公庙等逐年减少烧冥纸，慢慢地就能习惯不
烧了。

举例来说，我们位在桃园的分院斋明寺，是一
间建于清朝、拥有三百多年历史的古庙，我们刚接
续法务的时候，庙里有许多烧冥纸的金炉，因为烧的
人多，需求量多，所以金炉一直增加。后来，经过我
们慢慢地宣导，减少金炉的用量，到现在一个也没
有了。

究竟烧冥纸对亡魂有什么用？有人说冥纸是阴
间的钱，烧给他们好拿去买东西。可是阴间有买卖、
有贸易吗？人间有生产、有消费，阴间没有生产，所
以也无从买卖、无法消费，烧了等于没有用，只是浪
费。我们应该从精神、心理层面为他们做功德，或者
是诵经、念佛回向给他们，这样对亡者才有用，否则
的话，仅仅烧冥纸并没有用处。

我认为推广网络普度不仅非常现代化，也很符合

现代人的需要。现代人都很忙碌，如果在网络上超度祖先亲友，那就没有数量和距离的限制，只要能够在网络上达成超度的目的，所花费的人力、物力就会减少，同时，最重要的是合乎环保原则。

最初有人怀疑，在网络上超度，亡灵真的会去吗？其实亡灵也好、祖先也好，他们都是精神体，不是物质体，不一定要坐交通工具，或是跑多远的路，只要我们心念一动，请他们到某个地方，为他们超度、为他们纪念、为他们举行仪式，他们就能够感应得到。所以，我们只要有心，希望在网络上做超度，网络上呈现出的画面是祭坛，那他们就会在网络上出现。所以，我赞成用网络来普度，而且不一定在中元普度，就是在清明、过年，甚至是平常的时候也可以做。从我们内心来讲，同样是表达慎终追远的敬意，对亡灵而言，也可以得到同样的功德，但是对整个社会环境来说，意义就完全不同了。

改良民俗节庆三层次

从我的立场来看，民间习俗节庆的改良，可分为三个层次：第一、站在文化的角度，可以把节庆变成民俗的文化祭典，藉此呈现出地方及文化上的特色。比如台北县某个庙的神，他的精神是什么？为什么被人崇敬？另外，为什么要在特定时候祭拜祖先？因为这是汉民族对祖先的崇敬，所以要把崇敬祖先的文化呈现出来。只要一个县市先做，其他的县市也会跟进；而且要用奖励的方法来让寺庙主动去做，然后再配合政府的政策与法律的规定，我想这是可以做得到的。

我在日本的时候看到一个现象：日本早期原来的民俗跟台湾差不多，但是战后渐渐改良，凡是地方的民俗节庆都转化成文化祭，视这个节庆代表什么样的精神，就将它表现出什么样的文化内涵。藉由文化祭凸显出节庆的意义，以提升它的层次，不仅仅是在民间吃吃喝喝或烧一些东西，而将它升华成为一种艺术、文化，甚至是教育的活动，如此一来，更能达成观光的效果，只要那个地方有民俗节庆，国际人士或是全国人民都会到那里参观。

第二、从环保的角度来看，凡是用火烧的东西都会污染空气环境。譬如冥纸是用稻草或竹子做的，烧了以后会产生致癌的微粒子；还有冥纸上的金箔、银箔属于金属物质，燃烧后会释放毒气，除了污染整个大气层之外，无论远近的人们，只要吸进随风飘散的毒气之后，都会受到影响，这是很不健康的。

现在我们每年烧掉的冥纸数量非常可观，不仅会污染空气和水，在经济上也会造成浪费。现今地球暖化的现象愈来愈严重，不要以为只有燃烧汽油才会有影响，烧冥纸也会，只要在自然界烧任何东西，都会让暖化的程度提高。做为一个现代的地球人，应该要尽量保护地球，而为了保护我们的地球，最好都不烧冥纸。据统计，目前台湾的空气污染指数在世界上名列前茅，若是民间能够少烧一些冥纸，少制造一些污染源，就能使地球暖化的速度减缓一些，这是功德一件，对我们未来子孙也是一桩好事。

第三、以宗教的立场而言，我们法鼓山也进行中元普度、清明时节举行超度法会，但是我们不仅不烧冥纸，连香都不主张烧。现在的香都是污染源，因为它的制造成分是一些会产生污染的物质，烧了以后，空气会变得很糟糕，特别是在小小的家庭空间里烧很多香，会让整个家庭受影响。所以我们主张供水果或是供饭菜，但不要烧香，如果一定要，就烧一支品质好的、烟少的香。现在公共场所都不准抽烟了，在家里应该也要这样。

尊重民俗，提倡民俗

所以，佛教是不烧冥纸也不烧香，法鼓山在祭典或法会时，则会在佛前上香，因为这是入乡随俗。汉人社会有汉人的文化、有汉人的需求，我们老祖宗几千年来都习以为常地做，如果不做的话大家心不安，所以我们还是照着做。其实国外其他民族没有中元普度，也没有清明超度这种习俗、这种文化，但是他们也都很平安地度过。

例如要建房子，在破土动工的时候，都要先祭拜土地，之后大家才能安心施工，如果不祭的话，只要一发生公共安全问题，大家就会开始埋怨："就是因为没有祭拜，所以才会发生意外。"祭了之后会不会有公安事件发生呢？可能还会有，但是心理上总是认为祭过比较平安。这是一种民间信仰，我们尊重它，所以祭祀法会还是要做，但是不要污染环境。

除了空气之外，噪音也是一种污染。例如以前送丧的时候很重排场，丧家、花车、乐队等，一排队伍长达几里路，声音很大，整条马路都受到噪音的影响。其实送丧不需要有这么大的排场。

总之，污染环境的声音，污染环境的气体，污染环境的各种各样东西，都应该减少、免除，加以改善，民俗习惯提升了以后，国际上的观光客到台湾来，才会觉得台湾是个有文化的好地方。

（选自《致词》）

两类超度亡与存

一、引言

因为清明报恩，许多人为先亡亲友立牌位超度。所以今晚的开示是"超度共有两大类"：（一）对亡灵的超度，（二）对生者的超度。

超度的意义是用佛法的理解和实践、信仰和经验，使人从苦难中获得安乐，从危险中获得安全，从束缚中获得解脱。

有位从高雄来的居士，今天下午超度了我，因他见我既瘦且弱，有气无力，工作又是那般繁重，相信我一定活得很痛苦，所以选送我一桶健康、卫生、很营养的精制清香油，让我吃得健康起来。可知我是被他超度了，我也应该来超度你们。

二、超度亡灵

在一般中国人的印象里，所谓超度做佛事，准是指的为亡者做念佛、诵经、拜忏、蒙山施食、焰口施食等的仪式，乃是以佛力超荐，使亡者往生佛国或转生善道。

因此，对中国人而言，超度有两种意义：（一）是为了随俗，家中若有亲人过世，习惯上应该延请僧尼或道士来念几卷经，举行几次宗教仪式，方能觉得心安，否则不仅会遭亲友议论，也似内心欠缺了什么。请问这是为了超度活人，抑或是真为超度亡者？实在相当暧昧。为自求安心才延请僧道念经超度，此人不一定相信对亡者有用，只是不敢违背习俗。（二）是真为超度亡灵，相信佛法能使先亡超生离苦，在临命终时为他助念。头七期间，天天念经，七七之内，常做佛事，遍修供养，佛经中所说的道理及所称的佛菩萨圣号，皆可使亡灵听到、听懂，将心中的怨恨、情结、放不下、舍不得及种种的执着，使之心开意解，不堕恶道而得上生善道，善根深的就能往生极乐世界阿弥陀佛的净土，或依佛菩萨等的慈悲愿力，荐拔亡者出离苦趣，此可以《地藏菩萨本愿经》（以下略称《地藏经》）所说为代表。

佛经中所见超度亡灵的方法，可以例举两则如下：

（一）《盂兰盆经》，此经是世尊为目犍连尊者超度其已堕饿鬼道中的亡母而说。超度的方法，是于七月十五日僧自恣时，"具饭、百味五果、汲灌盆器、香油锭烛、床敷卧具，尽世甘美以着盆中，供养十方大德众僧。""其有供养此等自恣僧者，现在父母、七世父母、六种亲属，得出三涂之苦，应时解脱，衣食自然。若复有人，父母现在者，福乐百年；若已亡七世父母生天，自在化生，入天华光，受无量快乐。"这是以七月十五日供僧功德为超度先亡的佛事，并未在供僧时要求僧众为亡者诵经念佛。

（二）《地藏经》在中国佛教圈中，流传得相当深广，因其提倡孝亲思想，又提倡慎终追远、超度亡亲的法门，故也特别受到以儒家文化为背景的中华民族所推崇。在《地藏经》卷上〈忉利天宫神通品〉有云："阎浮提造恶众生，新死之者，经四十九日后，无人继嗣，为作功德，救拔苦难，生时又无善因，当据本业，所感地狱。"《地藏经》卷下〈利益存亡品〉又云："若能更为身死之后，七七日内，广造众善，能使是诸众生，永离恶趣，得生人天受胜妙乐。"又云："冥冥游神，未知罪福，七七日内，如痴如聋……是命终人，未得受生，在七七日内，念念之间，望诸骨肉眷属，与造福力救拔，过是日后，随业受报。"这都是说明，人在死亡后的四十九天之内，希望能有亲友眷属，为之祈福超度，过了这段时日，则已转生，随业受报去了，超度虽仍有些用处，但已不立即有用。

特别是在头七期内，更为重要，《地藏经》卷上〈如来赞叹品〉云："假令诸识分散，至气尽者，乃至一日、二日、三日、四日，至七日已来，但高声白（宣布为亡者修福行善），高声读经，是人命终之后，宿殃重罪，至于五无间罪，永得解脱。"此乃说明人死之后在头七期间超度最好。

不过，最有效的超度是在生前自己修行，所以《地藏经》卷下〈利益存亡品〉云："命终之后，眷属小大，为造福利，一切圣事，七分之中而乃获一，六分功德，生者自利。以是之故，未来现在，善男女

等，闻健自修，分分己获。"若于生前尚未信佛，
未修善法，死后七七之内的中阴身阶段，才需要亲属
代为修福超度。如在生前，早已信仰佛法，念佛回向
求愿往生西方净土，临命终时，便有西方三圣——弥
陀、观音、势至——一佛二菩萨来迎接引，亲人善友
为他助念，等于给他送行，使他信心增长，莲位高
升。故在诸经论中，无不谆谆教诲，人们当于在生之
际，及时修行。

三、超度活人

　　超度活人，第一重要。释迦牟尼佛成道之后，所
说经法，诸部大、小乘经的主要对象，乃是人间的七
众弟子，其次是天神，故称佛为"天人之师"及"人
天教主"。

　　大乘经中如《华严经》、《法华经》的会众，
除了诸佛菩萨及二乘圣者，便是人间的七众及八部天
众。三涂恶道的鬼、畜生、地狱的众生，便无福报参
与盛会。虽有《地藏经》卷上〈如来赞叹品〉曾说：
"世尊……普告诸佛世界一切诸菩萨摩诃萨，及天

龙、鬼神、人、非人等，听吾今日，称扬赞叹地藏菩萨摩诃萨。"可是此中的鬼神，是指多福鬼不是罪恶鬼或饿鬼，应被视为地居天及空居天。因此《地藏经》卷上〈如来赞叹品〉又说："宣说地藏菩萨利益人天因果等事……为汝略说地藏菩萨利益人天福德之事。"《无量寿经》也是为了"开化一切诸天人民"而说。特别强调"利益人天"，这都表示佛法的超度主要是人；次要是天。

此在《增一阿含经》卷三十六，明言佛出世时，为人天广演教法，得至涅槃，然而，众生在地狱中、在畜生中、在饿鬼中、在长寿天者，都是"不闻、不睹"。《增一阿含经》卷二十六云："诸佛世尊，皆出人间。"以人类的身体成佛，也以人类为其摄化的主要对象，所以佛的第一位在家弟子耶输伽的父亲是人，佛在鹿野苑初转法轮所度的五位比丘弟子是人，佛的常随众一千二百五十位大阿罗汉全是人，乃至临入涅槃之际所度的最后一位老弟子一百二十岁的须跋陀罗也是人。可见历史上的释迦牟尼佛，以及与佛相关的僧俗七众，无一不是人类。即使是将来弥勒佛下生人间之际，他在兜率内院的那群弟子，也都要下生人间，以人类的身分，听闻佛法，证解脱道。

对生者的超度，意思是运用佛法信解修证，超越三界的火宅，度过生死的苦海。

"火宅"的譬喻，出自《法华经·譬喻品》云："三界无安，犹如火宅。众苦充满，甚可怖畏，常有生老病死忧患，如是等火，炽然不息。"故以羊车、鹿车、大白牛车，比喻佛说二乘、三乘、唯一佛乘的方便法及究竟法，来将众生度离三界生死火宅。"苦海"的譬喻，出典有多处：（一）《法华经·如来寿量品》云："我见诸众生，没在于苦恼。"（二）《楞严经》卷四云："引诸沉冥，出于苦海。"（三）《大乘本生心地观经》云："常于生死苦海中，作大船师济群品。"若从其前后因果来看，"火宅"是贪瞋等的烦恼，"苦海"是生死等的果报。众生若不及时修学佛法，超脱三界的生死苦海，便只有永远由于烦恼而造业，由于造业而受苦报，在受苦报之时又因有烦恼而造业，然后再受苦报，如此周而复始，生死流转，就像是浮沉在无边的大海中一样。

在此茫茫的生死苦海中，如何抽身上岸，便不得不靠佛法慈航的救济，那便是依靠佛说的三皈、五戒、十善、具足戒、菩萨戒，乃至戒、定、慧三学，以及六度、四摄，自利利他。

佛陀最初在鹿野苑说法，便是转的苦、集、灭、道四谛法轮。知道有苦，便不再造作受苦的因，要想根本上把苦灭绝，就该修证八正道、三十七菩提道品，以及三学、六度等一切法门，不仅自求灭苦，也要助人灭苦，自利者必会利人。以上所举的专有名词，请查佛学词典，或看佛法概论及佛教入门等书。我们就是要学懂它们，运用它们，来自度度人。

四、念佛超度

最容易的超度法门是念佛，不论时地，不拣根机，只要念佛，便得利益，若以目的而论，西方弥陀净土的念佛法门，不用讳言，确是以死后往生极乐世界为主。但是《阿弥陀经》也说，那是一部"一切诸佛所护念经"，"若有善男子善女人，闻是经受持者，及闻诸佛名者，是诸善男子善女人，皆为一切诸佛之所护念，皆得不退转于阿耨多罗三藐三菩提。"念任何一佛，皆能罪灭除愆，消灾免难，得现在利益，也得后世利益。《观无量寿经》也说："合掌叉手，称南无阿弥陀佛，称佛名故，除五十亿劫生死之罪。"该经又说："如是至心令声不绝。具足十念称南无阿弥陀佛。称佛名故，于念念中，除八十亿劫生死之罪。"又说："若念佛者，当知此人即是人中芬陀利花（清净莲华），观世音菩萨、大势至菩萨，为其胜友，当坐道场，生诸佛家。"念佛的人，他的人格高尚净洁，犹如人中的莲花，当然便是自利利人的表征了。《无量寿经》卷下有云："其有得闻彼（阿弥陀）佛名号，欢喜踊跃，乃至一念，当知此人，为得大利，则是具足无上功德。"闻佛名号心生欢喜，乃至仅仅一念，也得无上功德，何况常常念佛，随处念佛。

永明延寿禅师的《宗镜录》中，常常说到："一念相应一念佛"、"念念相应念念成佛"。只要念佛，不论散心、专心，都有功德，专精一心当然好，散心念佛也不错，只要想念就念，念念都好。一念念佛，一念即从恶业妄想获得超度，念念念佛，念念都从恶业妄想获得超度，有人是一分钟的超度，有些人是一小时、一天的超度，诸位在此念七天佛，便是七天的超度。随喜组的菩萨们随喜一炷、两炷香的时段中，口清净、耳清净、眼清净，便是从闲言杂语、吵吵闹闹、眼花撩乱的尘劳世界，得到片段时刻的超度了。

至于求得永久超度，是指大悟彻底的大解脱人，那是要付出持久的长远心，常行菩萨道，日日增长智慧，时时心怀慈悲，自度度人。

五、自度度人

迷人须仗佛度，悟人乃是自度，起步时可靠他度，既上了路，有了方向，就要学着佛菩萨的悲愿，发愿自度度人。我曾见有位老人，尚没有努力念佛修行，我去劝他，他却说准备让他儿孙在他过世后来超度。我也认识他的儿孙，都很孝顺，我问他们的意见，他们几乎异口同声地回答："当然是应该的，到时候要拜托师父您来诵经念佛，替他老人家超度。"他们都指望出家师父给予超度。

此次是打的清明报恩佛七。报什么恩？报所有一切恩，主要是亲恩。以何相报？以超度来报恩，超度谁呢？超度亡灵，也超度自己。实则是由于超度自己的念佛功德，使得已故的亲友先亡，也获得超度。不仅超度了自己，超度了亡灵，其实由于诸位的修行，改善了你的身、口、意三业的行为，回家之后，或在工作场所，也会以智慧及慈悲影响与你们相关的每一个人，所以也连带着超度了日常生活中的亲友及同事们，真是功德无量。

打完佛七，回到原来的生活中。你们自己的观念、人格、言语、举止、待人接物，都要带点念佛人的味道，那是智慧、慈悲的精神，那便是表现了自己被超度也能超度人的化世功能。

（选自《念佛生净土》）

真正的自由

　　有人问过我，这一生之中，有没有什么遗憾的事？如果马上死了，还有什么事要交代？对我来讲，我曾经犯过无数的错，但这不是遗憾，因为无知，所以犯了错。而我不会再去犯曾经犯过的错，也就没有遗憾了。

　　至于有没有想要做而还没完成的事？的确是有无数的事想做，却还没做。这些年来，我们每年都会推出一项社会运动，例如，我们率先对于民间大拜拜、大烧香、大烧纸钱或大放鞭炮等习俗提出改革，过去台湾民间常见从一村吃过一村，从这个镇吃到那个镇的大拜拜习俗等情况，现在都已经渐渐减少了。

　　另外，几年前还推动一项"心"五四运动，就是从"心"开始的新生活运动主张。像现在社会上普遍知道的"四它"：面对它、接受它、处理它、放下它，或是"四要"：需要的不多，想要的太多；能要、该要的才要，不能要、不该要的绝对不要等等。我们这个团体里有几十万人经常在用，成为日常必需的一种生活方法。

去年（二〇〇七），我们推出"心六伦"运动。因为中国古代的"五伦"，在今日社会已经不适用，有些观念显得八股、守旧，新世代的人，尤其是年轻人，大概不容易接受，所以我们透过电视、报纸、杂志等媒体，来推广"心六伦"运动。

今年，我们则倡导"好愿在人间"运动，呼吁大家一起来许好愿、做好事、转好运。然而，这些社会运动并不是仅仅推动一段时期就够了，而是要持续、普遍地推广下去。

这个世间是非常有限的，然而，在我的心中，我的愿是无穷的，只要对社会是好的，是社会需要的，我都愿意去做，一项一项地做。若是我个人无法做的，我呼吁大家一起来做；在我这一生做不完的，希望再来人间继续推动，继续广邀大众一起参与。所以，我这一生，没有遗憾，但是我的心愿永远是无穷的！

至于死后，我希望与佛菩萨在一起，之后，若是佛菩萨需要我到哪里，我就去哪里，或许这也是随着我的心愿而去。而我往生以后，别人对我做任何评论，这是别人的事，与我无关。单枢机主教曾说，死后不希望有人送花，不希望有人歌功颂德，也不希望铺张、追悼。在过去，罗光主教往生，我去凭吊时，看到他的棺木停在一个大厅里，其余什么也没有，这是个非常好的示范。但是在佛教界，过去有些例子显得比较铺张，灵堂布置得富丽堂皇，并且举办追思、传供。传供就是集合很多长老法师来供养十道斋菜，然后一道一道地传，可说是身后哀荣了。但是我死后，这些都不要。

我早已预立遗嘱，而且经过律师和法院的公证；我个人没有财产，我的著作归属于教团；我的遗体用薄薄的木板封钉就可以了，火化以后，既不设牌位、不立碑、不建坟，也不需要盖一个骨灰塔来占位置。

法鼓山上有一处"台北县立金山环保生命园区"（编案：今为"新北市立金山环保生命园区"），是一座植葬公园，这是由法鼓山捐地给台北县政府，再由台北县政府交由法鼓山管理维护。所谓植葬，就是把骨灰分成好几分，分别放入散在公园各处已经凿好的几个地穴之中，这样就不会让后人执着地认为，某块地方是自己眷属或亲人的。

不论任何宗教或民族，只要愿意把骨灰植葬在这个公园里，我们都接受，而且植葬的过程中，也不会有宗教仪式。到公园来的人，不准献花、烧纸、烧香，或是点蜡烛，就只是凭吊。其实人死了以后，就在这个世界消失了，或许暂时会有人记得，但是过了十年、二十年以后，人们就忘掉了。过去厚葬的作法并不文明，也不经济，非常浪费，即使你有个很大的坟墓，再过五十年、一百年以后，还是会被忘记，例如中国的秦始皇等君主，他们的坟墓现在只是变成观光景点，而不是真正去纪念他。

现在，法鼓山上的环保生命园区才开放没多久，已经有几十位往生者植葬了，十年以后，可能会有数千人以上。如果有人来凭吊，那就数千人一起凭吊了。未来，我的骨灰也会植葬在这个公园中，这里就是我的归宿处，所以我死了以后，骨灰也可以做为肥料，因为公园四周种了绿竹，将来还可以生产绿竹笋，而骨灰也就变成肥料了。

因此，希望我们的作法能形成一种风气，也希望日后能够有名人或高僧大德一起这么做，让我们的社会真正走向一个文明的时代。

（摘自《真正的自由——圣严法师与单国玺枢机主教的对话》）

第四篇

认识佛教生死观

生命与死亡、学问与生活

（一）生死问题

中国民族一向均有"死生有命，富贵在天"的达观态度，可是，现代的中国人，却对生命及死亡的问题，多有茫然失落的空虚感。

生命的事实，原本不是偶然的现象，更不是无可奈何的存在；死亡的事实，原本不是突发的现象，也不是悲哀无助的毁灭。有生必有死，乃是同一件事的两种现象。平常人的贪生怕死，是因为不知道死亡之后的去处；少数人的厌生求死，是因为不知道死亡之后的责任并没有结束。

思想家们能够以坦然的心情看待死亡，是因为发明了他们的哲学观念。例如孔子说："未知生，焉知死？"是主张以现有的生命最重要，不必追问生前是什么，也不必忧虑死后会怎样。

又如庄子说："方生方死，方死方生。"生与死是相对的，也是相成的，本身是相即而不相离的，所以庄周梦为蝴蝶之际，不知是蝴蝶变成了庄子，还是庄子变成了蝴蝶；又于丧妻之后的庄子，鼓盆而歌，因为人生是从虚无而有气质形体，再从而变化，回到死亡，休息于天地之间，所以不必为之哀泣。

又如《列子·杨朱篇》，以为人没有不死的道理，不过既生为人，即应顺其生长发展，不必有长生及速死的想法。

至于佛教主张，人的生命是由于过去世的业力及愿力；一般凡夫由于业力的牵引，出世的圣者由于乘愿再来。凡夫的死亡，是为了去接受另一生命阶段的罪报及福报。今生造恶业，死后受三涂苦报，今生修善业，来生受人天福报。苦报受毕，还生为人，福报享尽，还堕恶道。唯有及时努力，死后可保福报，唯有放下自私的我，方能解脱生死的苦恼。

从佛教的观点看生命的事实，既是权利，也是义务。由于过去世的积德修善，才有此一人生的生命。应当享用这份得来不易的权利，必须做你应做想做的事，自利利他的事，故不得轻言放弃这份权利。

此一生命，也是由于过去世的造作恶业而感得
的苦报，等于前世欠债，今生还债，若不履行还债的
义务，便是无赖，将会债上加债，愈欠愈多。故对生
命过程中的苦与乐、逆与顺、成与败、得与失、寿与
夭、健康平安与多灾多难，都应面对现实接受它，同
时也面对现实来改善它。

（二）谈父母心中对生与死的认知——如何教育儿
女有关生命的意义

有了儿女的人，当对生命的价值及死亡的意义，
有正确的认知。对于生命要充满了希望的信心，对于
死亡要做好随时的准备。为了随时做好面临死亡的心
理准备，便得珍惜现有的生命，善待生命，善用生
命，多做智慧的充实，多做福德的种植，以这些成果
来面临死亡、通过死亡，做为进入另一个生命阶段的
资本。

做父母的人，当儿女知道学习思考的时代开始，
即应教给他们有关生命尊严及死亡事实的正确知识。
告知生从何来，告知怎么妥善地享用生命，成长自

己。告知死将何往，告知死亡并不可怕，只是像走了一天路的人，夜晚需要躺下睡眠休息，那是为了准备明天还要继续向前走。一程又一程，直到解脱生死，乃至成佛，得大自在。

做父母的人，至少要让儿女了解，人的生命的出现和存在，有其一定的原因，人生的死亡和消失，有其一定的去处。并不是毫无来历地生到人间，也不是死了便一了百了地到此为止。

（三）如何纾解现代人在生活上的压力、家计的压力、工作及课业的压力

生活的压力，是由自我与社会环境及自然环境的对立所造成；家庭生计的压力，是由经济条件的收支不能平衡所造成；工作及课业的压力，是因个人智能禀赋以及缺乏安全感所造成。其实，如能不受外在环境的现象所影响，不论是正面的影响或负面的影响，心理的压力就会自然消失，若能有乐天知命的修养，不论遇到顺境和逆境，都能淡化与美化。

如果能有自知之明的修养，那些压力，就会随着自知程度的深浅而相对地减轻减少，乃至没有压力。

自知什么？包括自己的先天资禀、学习能力、意志力、体能、财力以及社会资源，加上时机的所谓命运福报，便能选定方向，尽其在我地从品德、才能、知识等各方面不断努力，充实自己，成长自己，但求耕耘，不论收获，你的压力感，就会渐渐地消失。

对社会环境及自然环境，不失望也不奢望，尽力而为，顺应自然。对经济问题，开源节流，量入为出，不浪费，当节俭，须常有危机感，但不要有恐慌感。享受人生，并不是耽于物质的欲望。贫穷不是耻辱，惜福乃是美德。

工作及课业，能优则优，不能优也并不等于走投无路。能拥有健全的人品、健康的身体、愉快的心境，才是人生的资本。不要盲目地被环境的风气，伤害到你的身心，相反地倒应该影响他人，向你学习，如何地享用人生。

（四）学思与现代生活——如何以美好的明天，来面对我们的生活、面对我们的生命、面对我们未知的未来

"明天总是好的"这个观念，必须建立在"现在

就是最好的"立足点上。既然现在就是最好的，生命的本身，不论是目前和未来，必然都是最好的。

现在真是最好的吗？不论从客观面及主观面来看，若用比较的态度衡量，就不一定了。若从佛学的思想层面看，只要能够肯定自我的生命体，是跟无限长的过去世及无穷远的未来世连绵不绝的。现在的价值，不论是苦是乐，是成是败，都是最宝贵的，最可珍惜的。因为能够善用"现在"，对过去负责，也对未来负责，正好是一边清偿积欠的旧债，一边又在积储功德及智慧的财富。像这样的关键时刻，谁还能说不是最好的阶段呢？

如果我们有了这样的学思认知，必然能够接受每一秒钟的现在，珍惜每一口呼吸的现在，也能怀着十足的信心和无上的愿心，迎接光明的未来。为什么？因为未来当然也是最好的，以最好的心态，享用最好的现在，当然每一步都是在迎向最好的未来。

（选自《禅门》）

死亡并不可怕

　　佛教认为人生有生、老、病、死等各种痛苦，一般人很容易误解这是在散播悲观主义。事实上，在佛教的观念中，身体上生、老、病、死的变化，只不过是假相而已，学习并实践超越这些假相的方法，才是佛教教义的重心所在。

　　释迦牟尼之所以能够成佛，是因为他观察、体会到，所有人都无法超越生、老、病、死。有生必定有死，生与死是一体的两个段落，开始的时候是生，结束的时候是死。而且只要有生命，就一定会老，生命的过程就是一连串老化的现象。老化的同时，还会产生许多身体或心理上的疾病，直到最后死亡，谁都不能够避免。

　　众生在人间是受苦受难的，并非享福享乐。即使有时候感到快乐，也是苦多乐少，而且很短暂，不可能永远维持。例如，为了吃一餐饭，我们必须先花上很长的时间来做准备工作，才能吃到丰盛的菜肴，但是享受美食的时间却一眨眼就过了，所以快乐是很短暂的。

而且，苦与乐就像双胞胎，不可能分开，乐的本身就是苦的结果，也是另一个苦的开始。两头苦的中间包含着乐，这就好像前后都是火，中间地带虽然还没有被火烧到，可是被两面夹攻，仍然受到威胁。所以，乐的邻居就是苦，俗话说"乐极生悲"，正在享乐的同时，就已经朝着苦的方向走了。

如果我们想要超越生命的痛苦，就要学着不被生死的问题所困扰或束缚。生死皆有因，生并不可喜可贺，死也并不无奈悲哀。贪生怕死是没有用的，因为我们都在生死轮回的苦海中，每个人都要面临死亡，生命的过程就是如此，这是自然现象。所以毋须贪爱生、害怕死，贪生怕死只会造成痛苦，自寻烦恼。

我们要知道，死亡本身并不是一件可怕的事，死后还有另一个新的未来在等待着。就像白天工作太累，晚上非睡觉不可一样，补充睡眠以后，第二天早

死亡并不可怕 · 163 ·

上起床，又是崭新的一天。

此外，生可以说是一个结果，利用这个结果，正好可以为死亡做准备。当我们死亡之后，世界上任何财产、名利都带不走，只有业报随身。所以，真正可以带走的，是我们的慈悲心、智慧心和功德。因此，不必担心死了以后会到哪里去，看看自己现在有没有"储蓄"倒是真的。利用现在的生命好好养精蓄锐，在这个世界上多做些功德，多带一些好的业报到来生，就不必害怕死亡了。这就像我们在乡下多赚一点钱，再到都市来做义工，这不是很好吗？

由此可知，佛教虽然强调从生到死都是苦，但并不像一般人所认为的那么消极，相反地，还能够帮助我们消融对死亡的畏惧。佛法教导我们积极地储蓄功德，在人间先做好人间净土的工作，往生时才能带着功德一起前往极乐净土，这才是我们最好的归宿，也才能拥有永恒、真正的快乐。

（选自《真正的快乐》）

生与死的尊严

生与死，是一个广泛而深入的题目。不同的人，有不同的看法、想法及立场。这个主题，在近三十年来，渐渐受到东、西方人士的重视，有许多的学者，从哲学、宗教、医学等多角度的立场来探讨；我则是从佛法的观点与对佛法的认识，将我对生死的体验及观察，来加以说明。

认识生命的实相

（一）由生命的无奈、无所依赖及无所适从，转变为生命的可爱、可贵与自我的肯定

很多人，对生命的感受是负面的，认为生命是无奈的、受罪的，是一种负担，这是不了解佛法所造成

的偏见。佛说："人身难得，佛法难闻。"要开悟成佛，成就法身慧命，只有在人的生命过程中，用我们这个色身（肉体的生命），听闻佛法、修行佛法，才能达成修行的目的。

或许很多人认为，修行是只能到佛国净土去修，这种观念其实是错误的。因为诸佛都是在人间修行成佛，不是以其他类别的众生形态成佛。因此，必须先要有人的身体之后，才能发心，发菩萨心，修菩萨道，然后成佛。所以说，生而为人是最可贵的。

（二）生命的出生与死亡，关系密切，不可分割。出生之时已确定了死亡的必然到临。生未必可喜，死未必可哀，生命若无尊严，何喜之有？死亡若有尊严，又何必悲哀？

如果知道生与死是必然的过程，那么，生命的本身就是尊严。因此，生存并不麻烦可怜，死亡也不需要觉得悲哀凄苦；而是要看我们对生存及死亡的态度而定。

如果生存、生活得没有尊严，那死亡有什么好可惜的？生命又有什么可喜的？相反地，如果死得很有尊严，那死亡又有什么值得悲哀的呢？

（三）生命的尊严，是从活得有意义、有价值、有目标之中来体验和显示

人的生命，就是生与死之间的一个阶段、一个过程。生命的尊严，可以从伦理的关系、社会的角度、历史的判断、哲学的理论以及宗教的信仰等多方面来确立。

下面是从佛教徒的立场来讨论生命的意义、价值与目标：

1. 生命的意义——从佛教的立场来看，生命是为了受报和还愿而存在的。过去许过的愿，一定要实践承诺；过去造的业，必须要受报。因此，也可以说生命是由于因果的事实而存在的。

2. 生命的价值——生命的价值，并不是由客观的他人来评估判断、确立的，而是自己负起责任，完成一生中必须要完成的责任，同时尽量运用其有限的生命，做最大的奉献。

每个人在世界上，都扮演着许多不同的角色，可能是父母、夫妻、儿女，也可能是老师、学生等，都

必须尽心尽力、尽自己的力量，用物质的、精神的种种能力，奉献于身边的少数人，乃至于社会、国家、全世界的多数人，而不求任何回馈，这就是生命的价值；这种自利与利人的工作，便是在行菩萨道。

3. 生命的目标——生命需要有个大方向，来做为自己永恒的归宿。

佛教徒是要将自己所有的一切，都分享给他人，把所有功德回向给一切众生；同时要不断发愿，愿能够自我成长与自我消融，以圆融与超越的态度，做永无止尽的奉献。如果建立了这样的目标，不论人生是长是短，都是极有尊严的。

（四）生命与死亡是一体的两面，所以生存与死亡，都是无限时空中的必然现象

1. 生是权利，死也是权利；生是责任，死也是责任。活着的时候，接受它、运用它；结束的时候，接受它、面对它。

所以对于癌症末期的病人，我会劝勉他们说："不要等死、怕死，多活一天、一分、一秒都是好的，珍惜活着的生命。"因为生存和死亡，都是无限

时间之中的必然现象；不应该死的时候不应求死，必须要死的时候，贪生也没有用。

2.生与死息息相关。每个人从知道有生命的事实那一天开始，就要有面对死亡来临的心理准备。死亡的发生，可能是亲友，也可能是自己，而且随时都可能发生；这并不是让我们恐惧死亡，用死亡吓唬大家，而是如果从小就知道死亡这样的事实，便能帮助我们智慧成长。

释迦牟尼佛在年轻的时候，就是发现生、老、病、死的生命事实，才促使他出家修行，最后得到大智慧，进而拯救全世界人类。

死亡何时会发生，没有人知道；因此，知道它会来临，但是不必忧虑死亡的事实会在何时发生，只要是活着的一天，就珍惜生命，尽自己的责任，努力奉献。

我有位在家弟子，他深信命理，曾请了多位相命师为他算命，都说他只能活到六十九岁，到了那一年，他把工作辞去，财产分掉，等待死亡的来临。可是第二年仍然活着，于是很后悔地来问我说："师父啊！我应该要死怎么没死呢？您知道什么原因吗？"

我说："也许你做好事积了德，改变了死亡的时间。"

我利用这个机会劝他说："不要怕死、等死，活一天就尽一天的责任及奉献，不去管什么时候会死，只要运用你宝贵的生命好好活下去。"

结果他一直活到八十六岁才去世。

生从何处来？死往何处去？

许多人从哲学和宗教信仰的立场，建立生与死的理论和观念；也有人相信神通，用宿命通、天眼通，看过去及未来；凡此种种都只是人们的一种希望、看法和追求，其实并不可靠。

总体而言，泛神论的哲学认为生命来自于整体的神，死亡又归于整体的神。唯物论的哲学，认为生死都是物质现象，生如灯燃，死如灯灭。

中国的儒家学者曾说："朝闻道夕死可矣！"又说："生死由命"、"听天由命"，也就是说，生死是由命决定的，虽然孔子也说："未知生焉知死。"但是事实上儒家并未进一步说明生命是什么？

　　老子则说："出生入死。"出生一定会入死；又说："人之生，动之死地。"当人出生的时候，死亡这条路已经开始在动了。因此，老子叫我们不必担心生与死的问题，只要"尊道而贵德"、"夫莫之命而常自然"，也就是说，只要有道德，至于人的生死，让它自然即可，这是相当有道理的。

　　西方的宗教，不相信人有过去世，他们认为人的生命是由上帝所创造、赐予的，死亡时也是因上帝的召唤而回天国去。一切由上帝支配，不必担心着生与死，这也算是快乐又幸运的事。

佛教徒的生死观

　　佛教徒相信有过去世的，但是，生从哪里来？是否要透过神通去知道呢？不需要，因为过去的生命是无限的，无法追究一生又一生究竟是从哪里来。佛教主张只要好好做最大的奉献、最好的修行，其他的，该怎么样就怎么样，一切顺其自然。

（一）生命是无穷时空中的一个段落

我们现世的这个阶段，只是在无穷的、无限的生命过程中的一个段落而已。就如同不断在旅行，前一天在台湾，后一天可能就到了美国、香港等地，经常在不同的地方，出现又消失；生命也是一样，当一期生命的过程告一段落，另一期的生命过程正等待着去接受。因此，死亡不等于生命的结果。

（二）生命是生灭现象，又分为三类

1. 刹那生灭——刹那，就是在极短的时间之中。我们的心理及生理，包括身体的细胞组织以及心念等，经常都是在生起，经常在消失，不断地新陈代谢，不断地变动，有生有死，有起有灭。

2. 一期生灭——从人的出生到人的死亡这个过程，一期或一个阶段的生与死。

3. 三世生灭——包括无限过去的三世，无穷未来的三世，加上目前现在的三世。也就是过去的过去、未来、现在，未来的过去、未来、现在，现在的过去、未来、现在。而以这一生的现阶段来说，前生、未来及现在，就是三世生命。

这样的观念和理论，能为我们带来希望及安慰，也为我们指出在此生中，必须继续活下去的理由。不应当死的时候，企图以自杀结束生命是对过去不负责任，对现在不尽责，甚至可能扰乱未来的前途。

（三）生与死的升华现象，分为三个类别，也可以说是三个段落

1. 凡夫众生的分段生死——分段就是一个阶段、一个阶段，一个过程、一个过程，一生又一生；从生到死，从死到生。凡夫仅仅停留在这个阶段，只有生死，没有提升生命的意义和品质。

2. 圣者的变易生死——由菩萨的阶段或罗汉的果位，乃至到成佛的层次，一级一级不断地提升，这叫作变易。也是由于用佛法来修行、成长，提升生命品质，因此，慈悲和智慧的功德身不断在净化。

3. 大涅槃的不生不死——前面两种都是有生有死，但是到了成佛的果位，也就是大涅槃境界时，便已超越肉身，实证法身，达到绝对的不生也不死，并且能以种种身分，普遍地出现在所有众生的生死苦海之中，虽然还有生死的现象，但是已经没有生死的执

着、烦恼与不安了。

如何面对死亡？如何使得死亡有尊严?

（一）死亡的三种层次

以禅修者的立场来看，死亡可以分三个层次或三种态度：

1.随业生死——生和死，自己作不了主，迷迷糊糊由他生，由他死；生死茫然，醉生梦死。

2.自主生死——清楚地知道生与死，活要好好地活，死要勇敢地死；活得快乐，死得干脆。

3.超越生死——虽然有生有死，但是对于已经解脱、超越生死、大悟彻底的人来讲，生不以贪为生，死不以怕为死；生与死不仅仅相同，甚至根本没有这样的事。

（二）以感恩、欢喜心面对

能生则必须求生，非死不可则当欢喜地接受；感恩生存，也当感谢死亡。努力求生，生存时能使自己提升生命的品质，净化自己的心灵。但不可求死，也不用怕死，对死亡要存有感谢的心，因为死亡能使自己放下此生千万种的责任，带着一生的功德，迎向一个充满着希望和光明的生命旅程。

（三）对未来充满希望

生死的现象，犹如日出与日没。日没时，只是太阳在地平线上消失，其本身并不会消失；日出时，只是太阳在地平线上升起，其本身一直高悬于太虚空中。

人的肉体虽然有生与死的现象，然而，人人本具之清净佛性，永远如日在中天。因此，死亡不是可怕、可悲的，不必畏惧它；对我们的未来，应该充满着希望。

当以喜悦的心，勇敢地面对死亡、接受死亡。对于自己一生的行为，不论是善、是恶，都要感谢，因为那是历练的经验，应当无怨、无悔、无瞋、无傲。过去的已成过去，迎向光明的未来，此时最为重要。

（四）修行而随愿、随念往生

往生时的心态，有六种因素，可以决定死亡后未来的前途：

1. 随业——善业、恶业，哪一种较重，就到哪个地方去。

2. 随重——受完重业的果报，依次再受轻业的果报。

3. 随习——未作大善、大恶，但有特殊强烈的习气，命终时，便随习气的趣向而投生他处。

4. 随缘——哪一种因缘先成熟，就到哪里去。

5. 随念——由临命终时的心念倾向，决定去处。

6. 随愿——临命终者的心愿是什么，就决定死亡后到哪里去。

佛教徒是要修行到随念、随愿，如果变成了随业、随重、随习、随缘，那是非常可怜的。

（五）为临命终者助念

临命终的人，如果已陷入昏迷，失去自主自知的能力，亲友应当以虔诚安定的心，为他诵经、持咒、念佛菩萨圣号，或者在他旁边禅修，以定力和信力，帮助他的神识免于茫然，免于昏乱，而能得到安定，迎向光明，这样才不会使亡者下堕，而能超生。

（六）在平安、宁静中往生

死亡的尊严，原则是不能违背平安与宁静，不是让临终的人痛苦地走，不论是在肉体上或精神上的痛苦，都对死亡的人有害无益；平安的死亡，即是死亡的尊严，切忌慌乱地用器械抢救，不可呼天抢地地哭喊。重要的是，让他平安、宁静、祥和、温馨地离开人间。

（选自《平安的人间》）

生与死

先念一段曹山本寂禅师的《语录》："一次，有僧问曹山：'我通身都是病，请您老人家替我医病。'曹山禅师回答说：'我不医。'僧又问：'为什么您不替我医？'曹山禅师说：'我要教你求生不得，求死不得！'"

若由普通人听起来，好像禅师好残忍！但是对于修行"禅"的人来讲，意义非常重大。现在我把"生和死"这个问题，分成四个层次：

一、不知死活？

第一个层次是"不知死活"。这指的是哪些人呢？就是愚昧的、醉生梦死的众生，连"死活"是什么？他们都不知道！而各类众生当中，灵性的高低是有差别的，如灵性较高的动物，我们对它好，它知道感谢；对它不好，它也会记恨在心。我们看到丰子恺所画的《护生画集》里头，有一位屠夫拿刀要杀牛，那头牛跪下来流眼泪——表示它晓得"它要死了"。但不一定所有的牛都知道要被杀，只有那些比较有善根的牛才会知道。

猪也是一样，绝大多数的猪，在没有上屠宰台以前，可能还不知道："什么叫死亡？"可是，我有一次看到一个乡下人卖猪，猪贩子进了猪圈里，不管怎么打，猪就是不肯出来，因为它晓得自己就要死了，结果，猪贩子一手抓它尾巴，一手揪它耳朵，这么一提，就提上车子，载走了。

另外，我也听到从马祖的离岛北竿那儿回来的充员军人讲：他们从马祖本岛买了一头猪，运到小岛上去预备给军人过节加菜。一下船，猪硬是不肯走！士兵将它往前拉，它的屁股就往海边退，似乎它已晓得："往前多走一步，便更接近了死亡一步。"但士兵比较聪明，脑筋一转，反过头来将猪往海里拉，那猪依旧往后退。因此，就这样一边拉，一边退，最后便退到军营的伙夫房里去了。畜生还是可怜哪！只晓得逃命；愈逃，反而离死亡愈近！

还有一个故事，这是我童年时亲眼看到的：过年时，邻家的人要杀羊加菜，殊不知道母羊肚里怀了小羊；而那头母羊在两天前就知道了，便不肯吃草，且日夜地叫，叫得很凄惨！主人还说："这只羊八成遇到鬼了，好端端地叫什么？"等到剖开母羊肚子时，赫然发现里面有了三只小羊！后悔已经来不及了。他们想："羊也有灵性啊！它肚子里有小羊，且知道我们要杀掉它！"这是属于有灵性的动物。除此外，还有二种很有灵性的动物便是狗和象，往往在要死以前，它们会知道的；特别是象，将要死时一定会走到隐密处去。

众生之中，有很多低等动物是不知死活的，但是稍微高等的动物就已经知道死活了，因此，我们在净土宗的《往生传》里头，看到狗、鸟、鸡、鸭、猴子等等，这些比较有灵性的动物也会往生净土，但并不是说所有的动物都知道"生死"。

人类当中，有没有不知死活的呢？有，不过不是终生不知，而是有时不知。比如台湾的治安机构，最近雷厉风行地实施"一清专案"的扫荡运动，各帮派的黑社会组织头目纷纷被捕。我们看看那些人，在舞刀弄枪、逞凶斗狠、杀人越货之时，他们不会知道被他们杀害及杀伤的人，是多么地痛苦，是多么地凄惨！他们杀人就跟踩死蚂蚁一样，也不在乎一旦被治安机关逮捕后，会有什么结果？这种心态下的人，没有"生与死"的界限，一旦被捕定谳，临刑命终之前，同样畏惧死亡，只是后悔莫及了。

另有一些人，不知生的可贵与死的可悲，稍想不开，就要寻短见，并扬言："我死给你看！"好像把死这桩事当作儿戏！殊不知致人于死和自杀同样地不知死活是什么。譬如做儿女的要结婚，父母不答应，就死给父母看；男孩追女孩，追不上，就要死给女孩看；女孩被男子遗弃，或者遇人不淑时，就去寻短见等。他们不知道生命得来不易；留着生命，尚有其他的机会；失去了此一生命，并不等于就有另一个更好的机会等着你。所以佛说："杀他、杀己都是犯了杀人罪。"这种人，佛陀称之为可怜悯者。这种人多了的话，对于家庭是沉重的负担。如果人人把死亡当儿戏，那么天下会大乱！

　　现在社会中，动不动就有人拿出枪来，使得大家生活在一种动荡、不安、时时恐怖、处处危险的环境里。只要有一个人杀人，便为他自己造成遗憾，为他人带来灾难，为社会制造了动乱；只要有一个人被杀或自杀，不仅毁灭了他个人的宝贵生命，也为他的家人、亲友带来厄运和麻烦。有的人在自杀之前，干脆也把家里的妻小杀光，认为这样一来，便不会连累他们了！这是何等地愚蠢！他们不知道生存和死亡是绝对不同的——不论从习俗、法律、佛法的观点而言，人都没有权利剥夺他人及自己的生存权利。

　　从生理而言，有生有死是自然现象；从佛理而言，死亡是一期果报的结束，也是另一期果报的开始，是无可避免的现象。

　　但是，杀人与自杀都是罪行、暴行！用暴力达成的任何目的，皆违背了自然的因果律，必将付出更多的代价。我们看到，一个人的被杀或自杀，可能导致好几个家庭的悲剧；而且影响到其他人跟着模仿、学习！凡是有一件离奇的案子发生后，往往就会接连地发生同类的案子。

二、贪生怕死

第二个层次是"贪生怕死"。"贪生怕死"是好现象！人如贪生就会爱护自己的生命；因为怕死，所以会悉心照顾自己的健康。人类为了谋取生存，在克服种种困难的过程中，发挥了智慧和人性的光辉。由于互助而促成了社会的进步，由于彼此的沟通，产生了语言文字与文明，使得人类的生活更富裕、更安全。所以，"贪生怕死"乃是为人带来文明和文化的动力。

可是，司马迁〈报任安书〉有云："人固有一死，或重于泰山，或轻于鸿毛。"为了许多人的安全而自己去冒险犯难，乃至牺牲生命，称为"成仁取义"；这也正是从贪生怕死的基础上，显露出人性的升华。行菩萨道的人，便是常以自己的生命换取众生的安乐；唯有肯定了生命的可贵，始可见出舍身以救人的行为的崇高伟大。

一九七五年初夏，我在美国听到当时驻纽约的公使——夏功权先生讲的一个故事：他表明是一个佛教徒，并是独生子。当抗战初期，那时他才高中刚毕业，就参加骑兵部队——骑兵负责斥候、探听消息，在所有的部队里头是最危险的兵种。他受完训练，正在等待分发；他要报国，但又想到他的寡母："假若我死了，母亲怎么办？"他感到内心的矛盾！这时，他每天都骑着一匹马到云南山中的一间寺院去参拜。有一天，住持老和尚问他："你这位青年军官，每天来做什么？"他说："我很喜欢这里的风景！"老和尚说："不是！我看你有心事！"他说："你怎么知道？"他就将心事说了出来，并且请教怎么办？

老和尚说："军人应该是不怕死的，对不对？"

他回答说："不一定！不过，死有重于泰山，死有轻于鸿毛。"

老和尚说："比喻虽好，可惜还有问题！何不体验，生死一步跨过。"

夏功权先生很有善根，他听了这句话以后，心里头突然一亮：生死，只有一条线，只消一步就跨过罢了。从这一边跨到那一边，只是一步之隔而已；并不像孔子所说的："未知生，焉知死？"那样地苍茫。从生至死，只是多走了一步；既然端正地走出下一步，当然还有另一步；生与死乃是无穷生命过程中的连接。因此，在往后的日子中，他不想到怕死，结果他一直活得很有精神。

但是，不贪生怕死，并不等于没有生死。"生死一步跨过"当有双重意义：第一重是从此一生死到另一生死；第二重则是一步跨越生死而到达不生不死。因此，我们必须进一步讲"了生脱死"。

三、了生脱死

第三个层次是"了生脱死"。首先必须明白，依佛说，每一众生都已经过无量生死，可惜，业力虽如影随形地跟着我们，我们却对过去无从记忆。若不出生死，不论何人，除了随业流转生死，别无自主的能力。生不知从何处来，死不知往何处去？现世为人，来世不知为何物？除非能截断生死之流，否则业力溯自无始，缘熟即报现，谁知道下一世再以什么面孔见人？

成仁取义、慷慨赴死，虽有功德，可以生天，或成为神，然其报尽，仍入茫茫的生死大海中。或者，有好多人不懂佛法，也不知道因缘生的万法，都是生灭无常的。所以为了生存得更久，或者企图不死，人间便出现了些长生不死的方法和传说。比如在印度的古老传说中，有所谓的"甘露"，饮后就可以不死。

古代中国的秦始皇，曾派了五百童男童女到蓬莱仙岛，去寻找长生不死的药。中国道书中有不死之药称为"金丹"，结果有好多人烧炼铅汞，服后中毒死亡。道书中的方术，无非是些医药卫生及调气、按摩以健身的方法；长生久视则是神话而非事实。佛法的了生脱死，不是叫长生不死，而是生与死跟我不相干。

我们只要有身体在，就没有办法离开生死，心执着这个身体，妄认这个身体为我，叫作生死法，同时，心缘自心也是生死法。只要有心的执着和攀缘，便不能脱离生死。

缘外境固然是生死因，心缘内境也是生死因；迷于物欲是生死因，执着悟境也是生死因。所以，凡夫畏惧生死，宜求解脱生死而趣涅槃；但畏惧三界苦恼煎迫，而求出三界、生净土，虽然是修学佛法的初阶，唯其尚有所取舍，并不是究竟。所以临济慧照禅师要说："设有修得者，皆是生死业。"也就是说：

到了如《心经》所说：“无智亦无得。”“以无所得故，菩提萨埵，……得阿耨多罗三藐三菩提。”因此，厌离生死而修行证果，便出离生死；出离分段生死，便出三界，证小乘果；出离变易生死，便证佛果大涅槃。

四、生死自在

第四个层次是“生死自在”。一般人对于生前与死后的认知，不是如唯物论者说，人死如灯灭，生是开始，死是结束。便是如灵魂不变说者，以为：人生是由灵魂投胎，人死是因灵魂离开了肉体；投生如蜗牛入壳，死亡如放下负荷。前者，佛法称为“断灭论”，后者佛法称为“常见论”，均是邪见，同样地不是事实。否则，断灭论者，固然一死百了，不必再对其生前的行为负责；常见论者，也会视死亡为现实苦难的一时解脱。所以有人说：“死后的灵体，无重量、无阻碍；死不可怕，倒是活着比较麻烦！”因此导致一般人以死亡为解脱的错误认识。

实际上，“生”是由过去无始以来所造业力的果报；若非大恶大善，人的寿命及福缘，在其出生之时，大致已经决定。生存期间，是受先世业力的牵引；死亡以后，若业力尚在左右生死，则紧接着又将接受另一期的生死。如此流转，佛法称为"六道轮回"。既有六道，就不一定再来投胎为人；同在人中，也不能与先世的亲友相识、相认。所以，死亡绝对不是解脱，倒是另一个业报之身的开始。

纵然有些人在生时积功累德，死后成为有福的鬼神，暂时不受苦迫；福尽寿终，仍旧未脱生死。深一层言，小乘圣者出三界而住涅槃，虽已不再生死，仍执生死为实有；不入生死，并不即是得大解脱。唯有不受业力牵引而入生死，也不以生死为实有而不入生死，才是大涅槃、大解脱的"生死自在"。

佛菩萨之化世、度众而出现于世间者，有以暂时现身的"变化身"，有以入胎出胎的"托化身"，而且是随类托化，无方不现。他们的托化身，照样现有生死相，不过不以生死为苦，也不以生死为乐；所以有许多大德、高僧及大修行者，能够不畏生死而自主生死，自由来往于生死之间。

例如难舍能舍，舍身救生；如预知舍寿死亡的时间，死亡时天乐鸣空、异香满室；有的应死而能留寿不死，死时仍能够健康如常地或说法、或撰偈、或显神异；有的则能坐亡、立化，舍寿于谈笑不经意间；有的则能死后复活而再死。他们收放自如，要活就活，说死便死，了无生死的牵挂可见，这才是"生死自在"的境地。因为在他们的心中，已没有生死的痕迹，正所谓"求生不得，求死不得"。生无生相，死无死相。

我们可从佛教史传：如《高僧传》、《神僧传》、《传灯录》、《居士传》、《净土往生传》等诸书之中，散见到许多类似的记载。

（选自《拈花微笑》）

死后的世界

　　大家都贪生怕死，原因很复杂，简单来说，人们总是贪恋身体、眷属、财富以及名位。其次，对于死后的世界全然陌生，就像是出远门，要到一个遥远而从来没有去过的地方，也未见到有人来迎接，也没有亲自收到相关的信息，因此便对死亡心生恐惧。还有，对于死后世界那个属于灵或精神的自我，是否存在，也无法确知。在这多重的未知与恐惧下，许多人便不愿面对死亡。

　　曾经有一位居士的母亲在弥留之际，有许多人前去帮忙诵经念佛，没多久她往生了，两、三个钟头后，在场的很多助念莲友，包括这位居士，都听到她母亲参与念佛的声音。几天后，她弟弟甚至梦到母亲现身摸着他的头说："我现在很好，你不用挂念。"

有类似经验的人，对人死后仍有精神存在的信心就会很强烈，对死亡也不再恐惧。但是大多数人并没有类似的经验。

依照佛教的说法，往生的情况有两种：一种是跟随业力往生，一种是跟随愿力往生。跟随业力往生，是随着这一生所造的业力，加上累生累劫所造的业力去投胎，其中以这一生的业力最明显，过去生的业力仍然存在，只是力量较弱。另外有一种情况是跟随愿力往生，这又分为两类：一是发愿再回到人间来修行，以人身来度化众生；在人间有修行慈悲的机会、有持戒的机会、有修定的机会，人间的环境比较容易修福修慧，所以很多修行有成的菩萨都发愿再来人间广度众生。

但末法时期的众生，善根不够，很多人没有把握下辈子能不能再生到人间，害怕堕落到三恶道中，也担心即使再到人间会忘了曾发过的菩提心愿，而不能继续亲近佛法；所以释迦牟尼佛开了另一个方便法门，就是鼓励大家发愿往生西方极乐世界，这就是第二类的随愿力往生佛国净土。

极乐世界是阿弥陀佛的愿力所成，在弥陀经典里提到，只要有人在临命终时，愿生西方极乐世界，不论你在世时修行如何，都能往生极乐净土；到了那里莲花化生，见佛闻法，继续修学，等到修行有成，位阶圣品之后，不再迷失退堕，才重返娑婆世界，广度众生，直到悲智圆满，完成无上的佛果。不过极乐世界仍是个过渡的进修园地，在那里修行成功后，还要化现种种身相，利益救度一切众生。

人间有水灾、火灾、风灾、地震、刀兵、疫疬等灾难，极乐世界不会有这些灾难，那是一个没有生老病死苦、没有天灾人祸的净土。那里的佛，称为"无量寿佛"，不但佛的寿命无量，众生的寿命也是无量，因为众生都是莲花化生，所以不会生病，也不会衰老、死亡，同时在修行的路上也不会退步，可说是成佛的保证班。

除了西方弥陀净土，尚有许多不同的净土，例如兜率内院的弥勒净土，只要发愿往生，死后便即往生，得以亲近弥勒菩萨，待弥勒菩萨下降人间成佛之时，便随同来到人间，同在人间建设佛国净土。

（选自《人间世》）

给自己一个希望

究竟有没有极乐世界？我还没有去过西方极乐世界，没办法告诉大家，只能从信仰的角度接受它。而且有许多人念佛得到一些感应，相信有西方极乐世界。这些感应可以不相信它，也可以从宗教的角度接受它，相信它、接受它可能对我们的未来及死亡之后的前途，比较有希望。

心中有信仰，临终更平安

人活着时有希望，而临命终或死亡之后，一旦没有希望将心存恐惧，不知道该怎么办？那是无奈，也是不安。如果最后还有一个地方可以去，那么现在的生命只是生命过程中一个转捩点，透过它再通往另一

个更好的境界、更好的国度。对于存在世上的人还有
一个希望，对于即将临终的人，也是很好的安慰，不
会死得很痛苦不安。

人的生命活力本身就是光。当生命要离开看到
光时，如果心存恐惧，这个光马上会消失；如果他
没有信仰，但是很平静，自然会随着光而去或安住在
光里，无论到哪里，一定不会比现在更坏。如果他有
宗教信仰，希望求升天国或西方极乐世界，就会各自
显现不同的未来境界。这些都是我们唯心所现、唯心
所造——你心中相信有这个地方，就会有这么一个地
方，不相信的人还去不了。

这并不是西方哲学家所说的"我思故我在"，它
不是想象的力量，而是一种希望的力量。当我们希望
有这么一个环境，那个环境就会出现，这是精神的力
量。个人和许多人共同的精神力量，就能形成一个让
你可以去的地方。"光"对于活着或濒临死亡的人，
都是应该具备的常识。当我们濒临死亡，如果有这种
好现象，要跳脱意识的思考——不要恐惧、不要害
怕，随着光去吧！

助念对即将往生者有两种作用：第一让他产生信

心；第二让他感觉不那么孤单、孤独。因为有许多人来帮他念佛，还有那么多人相信有阿弥陀佛，对他的信心是一种鼓励，对他的希望是一种建立。另外，他的孤独感会烟消云散。

临终的人往往不知道何去何从，对这个世间留恋不舍，又非走不可。总觉得孤独地来，又孤独地走，好像很凄凉。助念时，可以先为他开示佛法："你来的时候，不仅仅是一个人，我们有这么多人在等着你；现在你要走，我们大家欢送你。同时你到另外一个世界，也有许多人迎接你，连佛菩萨都来迎接。你不是一个孤独的人，现在你暂时离开这里，很快就到另外一个环境，那个地方比这里更好，你应该怀抱一个很好的希望。"这样，他的孤独、寂寞和悲伤的心情会消散，使他能在平安中走完最后一程。

人生观与宗教信心的建立

如果有宗教信仰比较简单，如果没有，要建立一个人生观。我看到一些具有学问、人格修养完美的人，例如胡适先生，他不会对死亡感到恐惧。他知道人生已经结束，无论有没有未来，都对死亡没有恐惧感，也没有痛苦不舍，因为人生的任务已完成所以离开，这就是人生观的建立。

如果没有建立人生观，就需要宗教信仰：相信这一生尚未完成的心愿，来生还会完成；这一生不能解决的问题，到来生再去解决；或是这一生已经非走不可，未来还有希望存在。无论是佛国净土或者天堂，都希望有上帝或佛菩萨来接引。这种信仰，对于病患或临终的人非常有用。

我也鼓励大家，随时随地准备面对死亡的来临。我们每一个人随时都可能面临死亡，最好先有人生观的建立或者宗教信仰的信心，就可以避免死亡的恐惧或悲哀。

（摘自《不一样的生死观点》）

如何建立正确的人生观？

　　做为一个佛教徒、三宝弟子，必须要有正确的人生观。所谓人生观，就是在探究我们来到世界的原因。就佛教而言，它有两个原因：第一、我们是来受报的；第二、我们是来还愿的——不是还债，还债的心里是痛苦的。

　　接受果报，是因为我们相信，在这生之前，我们已经有过很多很多过去生；无量生死以来，对人对己，造了种种的善业、恶业，然后这一生才来受报。但有人会怀疑：为什么在现实人生中，常有好人受恶报、坏人受善报的情形呢？其实，我们常常不晓得自己做了什么、说了什么、动了什么念头；有时则是没有察觉、忘了，或是刻意不去想它；而我们对这一生都不清楚了，更何况是对过去生呢？

报有两种：一种是福报，一种是苦报。人人都希望金玉满堂，鸿福齐天，但就是没有想到，自己真有这么大的福报吗？福报就是我们过去做的种种善事、好事，对人、对众生有意义的事，而现在一点一点地回收。苦报和福报是相对的——有苦、有乐，乐就是福报，苦则是因过去所做不善的事而得的罪报，像是我们所遇到的种种折磨、冲击、阻碍和不顺利。

人遇到苦难或问题时，通常会认为是别人的错，而让你痛苦，或是环境让你痛苦，但这是真的吗？我们应该先反省、检讨一下，是不是因为最近自己的身体不好、心情很苦闷，因此见到什么事、遇到什么人，都觉得心里很厌烦。如果反省检讨后，觉得不是自己的问题，则要以还愿的心态来接受它，当以还愿心态面对，心中就不觉得苦，也就不是苦报了。

我想大家都曾有过这样的经验：家人在外面受了气，回家后将气出在你身上，结果你可能又把气再出在别人身上。其实迁怒并不能消气，只是把自己的问题变成他人的问题，然后一个迁怒一个。所以，当我们被迁怒而受到冲击的时候，要先想到自己是来受报的，然后再想既然自己已受了报，还能够让别人消消气，真是一举两得。能够这样，你就是个有菩萨心肠的人。

我们到人间是来受报的，这个观念一定要建立起来。因为是来受报，所以碰到问题，就不必生气、不必痛苦，反正也已经没有其他的道路走；但受报不是接受了就算了，我们还要想办法解决对方的问题。如果自己心里难过，就用佛法来化解自己的烦恼；如果对方有问题，就用智慧来帮助他处理，而不是以牙还牙、以眼还眼。如果能这样面对事实，我们就是菩萨行者；否则，不仅自己痛苦，还影响对方也跟着痛苦；烦恼自己也烦恼别人，这是损人不利己的！

再者，我们的生命是来还愿的。从小到大，有没有发过什么愿呢？所谓发愿，也就是希望做什么。譬如：我将来长大以后，一定要对妈妈好；现在这个社会很乱，假如我有力量的话，就要贡献社会，使社会安定；这些人真可怜，假如我有能力的话，我愿意帮助他们。像是这类的愿心，我想大家应该都发过，在我们的一生中都曾发过很多愿，我相信大家在过去生都是菩萨，曾经一生一生地发过菩提心，希望能帮助人。现在皈依三宝的人，都要发〈四弘誓愿〉："众生无边誓愿度，烦恼无尽誓愿断，法门无量誓愿学，佛道无上誓愿成。"因为所有的菩萨要成佛，都需要发这个愿，所以我们叫它通愿。

至于如何兑现？就是要奉献自己、成就大众。奉献自己、成就大众是没有条件的，不是为了求回馈的，而是因为你发的愿。发愿不是为自己，发愿是希望别人好，希望自己能努力付出，让其他人得到利益、好处与恩惠。如果我们过去从来没有发过愿，现在发愿也不迟；如果不肯发愿，我们的人品将没办法提升，坚固的自私心，就好像一根尖硬的刺，不时伤害着跟你接触的人，这样不仅伤害了自己，也伤害了他人。所以，要把心量放开，必须要发愿，发愿奉献自己、成就他人。

受报是责任，还愿是义务。义务是在我们本分的责任之外，奉献自己、利益众生，这是还愿。受苦受难是受报，救苦救难则是还愿。能够在受苦受难中，还能够救苦救难，那就是菩萨。

我们都是带着不完美的身心在人间活动，而以不完美的身心来看这个世界，这个世界绝对是不完美的。虽然如此，我们可以受报的心态接受我们的现实人生，以还愿的心态、观念改善我们的生命，这就是正确的佛教人生观。

（选自《带着禅心去上班》）

每一个人都有用

生命存在于所有的群己关系中

这几年，我们也在提倡"关怀生命 —— 防治自杀"的活动，我透过宣传短片在电视上呼吁："多想两分钟，你可以不必自杀，还有许多的活路可走！""只要还有一口呼吸在，就有无限的希望，就是最大的财富！"这是因为近几年来，社会上弥漫着一股自杀的风气，在亚洲地区，台湾是继韩国、日本之后，自杀人口比例最多的国家，而以全世界来说，亚洲地区的自杀人口又高于欧美国家。

什么是"自杀"？凡是有自杀的意念，不管是自杀身亡，或者还没有构成死亡的事实，都算是自杀。从一个宗教师的立场来看，世界上没有人有权利自杀，没有人有资格结束自己的生命，因此，杀人与自杀都是杀人罪。凡是有自杀的"念头"，也就是我之前所说的"心"，已经认知到有"我"这个生命存在，却想要放弃、结束生命，这样的人都应该要自我悔过，好好反省、检讨自己的生命。

我们个人的生命并不只属于自己，而是同时存在于父母、家庭、学校，以及社会等所有的群己关系之间，如果伤害了、放弃了自己的生命，就是一种罪过。每个人都要对自己的生命负责，从出生开始，直到自然死亡为止，我们都必须好好珍惜，因为生命是属于整个社会、整个世界，甚至是整个宇宙的。

站在法律的立场上，对于已经自杀身亡的人，要去追究其责是不可能的，可是以伦理而言，甚至对于家庭、学校、团体，以及整个国家社会来说，这都是不负责任的行为。自杀和杀人是完全相同的罪恶，虽然自杀以后，在法律上不用负责任，但是在道德伦理上罪过很重大。请问，生命是有价值的吗？生命可以价钱来计算吗？一般人都会说："生命可贵，生命无价！"虽然军人为国家牺牲是无价的，但是自杀却是一种罪过，因为自杀的人对不起父母的养育之恩，也对不起国家社会的栽培，而且自杀之后，许多与亡者相关的人，都需要共同被辅导和帮助，这真是一种对不起众人的举动。

人的价值须从伦理来衡量

有人认为，从年轻到中年这段时期，能够为社会奉献，可是年纪老了，没有用了，活着大概就没什么价值了。但是人老了就没有价值吗？像台塑集团创办人王永庆先生活到九十二岁，直到生命的最后一天，还是非常地有贡献。人只要活着一天，就有一天的价值，这是无法用数据来衡量的。比如我今年（二〇〇八）八十岁了，如果我不善用这个生命，社会也不需要它，那就没有价值；但是我善用它，我们的社会、世界还需要它，那就有了价值，生命的价值在于它的功能，无法发挥功能，便没有价值；只要产生了功能，生命就是有价值的。

有人会去区分："有的人有大用，有的人有小用，有的人没有用。"事实上，每一个人都有用。我们活在这个世界上虽然渺小，甚至有的时候好像只是在消费社会的资源，生产的功能很小，即使如此，每个人还是有用、有价值，仍然有无限的潜能。生命随时都可能产生价值，只是现在可能还看不到。人的价值是潜在的，是不能用金钱去衡量的，而要从伦理方面来衡量。

有人好奇："和尚有什么用处？"我说："当你看到、发现的时候，就是有用；当你没有看到、没有发现的时候，就是没有用。"这听起来好像是很吊诡的一桩事，怎么会发现就有用，没发现就没有用呢？在中国禅宗的历史上，有许多禅师平常看到人的时候并不讲话，人们看他在山里面好像也没做什么事，可是他们真的没有用吗？有用！因为他是山上的负责人。有人问他："山上的负责人是谁？"他说："就是我。"凡是他的职务所在，就是他的功能。

昨天我在医院遇到一位老先生，他说自己年老没有用了，活着一天只是消耗一天的资源，还不如早点自杀，好让子女减轻负担，也让社会少一些负担。我说："你错了！你活着一天，消耗一天，就是一种功能。因为儿孙要靠你来尽孝，否则就没有人可以孝养了。"生命的价值，并不是指今天能做多少工、能赚多少钱、能帮多少人的忙，否则就是一种现实观、物质观的看法。事实上，活着就是一种功能，就是生命的价值。

（摘自《我愿无穷——美好的晚年开示集》）

人间净土 ②

幸福告别——圣严法师谈生死关怀
A Good Farewell: Master Sheng Yen on Life and Death

著者	圣严法师
选编	法鼓文化编辑部
出版	法鼓文化
总监	释果贤
总编辑	陈重光
责任编辑	张翠娟、杨仁惠
封面设计	周家瑶
内页美编	小工
地址	台北市北投区公馆路186号5楼
电话	(02)2893-4646
传真	(02)2896-0731
网址	http://www.ddc.com.tw
E-mail	market@ddc.com.tw
读者服务专线	(02)2896-1600
简体版初版一刷	2020年9月
建议售价	新台币220元
邮拨账号	50013371
户名	财团法人法鼓山文教基金会—法鼓文化
北美经销处	纽约东初禅寺
	Chan Meditation Center (New York, USA)
	Tel: (718)592-6593 Fax: (718)592-0717

法鼓文化

国家图书馆出版品预行编目(CIP)资料

幸福告别：圣严法师谈生死关怀 / 圣严法师著.
-- 初版. -- 台北市：法鼓文化, 2020.09
　　面；　公分
　　正体题名：幸福告别：圣严法师谈生死关怀
　　ISBN 978-957-598-857-9(平装)

　　1.生死观 2.人生观 3.佛教教化法

220.113　　　　　　　　　　　109009227